111 Kurz Rezepte
für den Spanisch-Unterricht

Interaktive Übungsideen für zwischendurch

herausgegeben von
Penny Ur und Andrew Wright

übersetzt und bearbeitet von
Barbara Huter und Susanne Schauf

Ernst Klett Sprachen
Barcelona • Budapest • London • Posen • Sofia • Stuttgart

111 Kurzrezepte für den Spanischunterricht

Interaktive Übungsideen für zwischendurch

herausgegeben von Penny Ur
und Andrew Wright

Die Kurzrezepte sind folgenden Werken entnommen:
Five-Minute Activities, Edited by Penny Ur and
Andrew Wright, Cambridge University Press 1992:
1-22; 24-46; 48; 50-55; 57-68; 73-76; 79-111.
Grammar Practice Activities, Edited by Penny Ur,
Cambridge University Press 1988: 23; 47; 49; 56; 69;
70; 71; 72; 77; 78.

Bild- und Textquellen:
M. Beucker, Düsseldorf (S.74, 2; S.74, 3; S. 74, 4; S.78;
S.79; S.81, 1; S.81, 2; S.88), Cambridge University Press,
Cambridge (S.53; S.57, 1; S.63, 2; S.71; S.72; S.85),
El País, Madrid (S.65), Ernst Klett Verlag für Wissen
und Bildung, Stuttgart (S.75; S.76), C. Fischer, Lorch
(S.70,2), Granada Television Ltd., Manchester (S.74, 1),
E. Nöldeke, Backnang (S.70, 1; S.81, 3)

1. Auflage   1 ⁶ ⁵ ⁴ ³ | 2006 2005 2004 2003
Alle Drucke dieser Auflage können im Unterricht
nebeneinander benutzt werden, sie sind untereinander
unverändert. Die letzte Zahl bezeichnet das Jahr
dieses Druckes.
© Ernst Klett Sprachen GmbH, Stuttgart 1994.
Alle Rechte vorbehalten.
Internetadresse: http://www.klett-verlag.de
Zeichnungen: Andrew Wright und Peter Ducker MSTD
Einbandgestaltung: Dieter Gebhardt
Mitarbeit: Josefa Jimeno Patrón

Die Vervielfältigung der gekennzeichneten Seiten ist
für den Unterrichtsgebrauch gestattet. Die Kopier-
gebühren sind im Preis enthalten.
Druck: L. Auer, Donauwörth. Printed in Germany.
ISBN 3-12-526810-9

Vorwort

Diese von den bekannten Fremdsprachenlehrern Penny Ur und Andrew Wright zusammengestellten und in verschiedenen Ländern der Erde erprobten Aktivitäten wurden für den Spanischunterricht deutschsprachiger Lerner adaptiert und mit entsprechenden Musterbeispielen und Kopiervorlagen KV versehen.

Die „111 Kurzrezepte" bieten Ihnen eine Sammlung von interaktiven Übungen, die nicht mehr als 5 bis 15 Minuten Unterrichtszeit beanspruchen. Sie können zum Einstieg in eine Unterrichtsstunde, zum Ausklang oder einfach mal zwischendurch eingesetzt werden. Durch ihren ganzheitlichen Ansatz fördern sie Motivation und Kreativität. Außerdem sind die einzelnen Aktivitäten lernzielorientiert, so daß es für die Lernenden immer einsichtig ist, worum es beim Üben geht.

Der Einsatz der Aktivitäten ist auf verschiedenen Niveaus möglich, da Sie als Lehrer das verwendete Sprachmaterial entsprechend dem Kenntnisstand der Lernergruppe ausrichten können: in den Boxen steht Ihnen ein reiches Angebot an Wort- und Satzbeispielen zur Verfügung, aus dem Sie nach Belieben Ihre Auswahl treffen. Zahlreiche gebrauchsfertige Kopieranlagen mit Bild- und Textstimuli steuern den interaktiven Lernvorgang bei der Arbeit zu zweit, in Kleingruppen oder im Plenum.

Das einleitende Kapitel „Was das Lernen fördert" enthält einige allgemeine Tips, die nützlich sind, um einen förderlichen Lernprozeß in Gang zu bringen. Sie enthalten vor allem Anregungen, die regelmäßig wieder aufgegriffen werden sollten, um eine gewisse Kontinuität des Lernwegs zu bewirken und bewußt zu machen.

Die folgenden acht Kapitel reichen von einfachen Aufgaben mit Buchstaben, Wörtern und Begriffen über die Arbeit mit Sätzen, Texten und Bildern bis hin zu komplexeren sprachlichen Aktivitäten wie Diskussion und Argumentation. Dabei ist immer die Kreativität der Lerner gefragt.

Als Lehrer werden Sie das Menü auswählen, das Ihren Lernern gerade am besten bekommt. Wichtig dabei ist, daß Sie jede Aktivität richtig dosiert anbieten. Leckere Bissen sind meist klein und machen Lust auf mehr. Halten Sie diesen Appetit auch bei Ihren Lernern wach, und bieten Sie ihnen immer mal wieder ein Häppchen an.

Dazu wünschen wir Ihnen viel Erfolg.

Inhalt

Zur Einführung: Was das Lernen fördert

I. Buchstaben, Wörter, Wortspiele

1	Spanische Wörter in unserer Sprache	13
2	Verschwindende Wörter	13
3	Buchstabensalat	14
4	Wörter, die mit ... anfangen	14
5	Buchstaben kombinieren	15
6	Wer behält die meisten Wörter?	16
7	Wörter lernen mit Eselsbrücken	16
8	Präfixe und Suffixe	17
9	Brainstorming rund um ein Wort	18
10	Assoziationen	19
11	Wer ist gemeint?	19
12	Wo kommt das her?	20
13	Irrtümer beim Vorlesen	20
14	Erraten Sie das Wort!	20

II. Begriffe erraten, (zu)ordnen, definieren

15	Scrabble	21
16	Oberbegriffe	22
17	Gegensatzpaare	23
18	Ein Wort – verschiedene Bedeutungen	24
19	Substantive und Adjektive kombinieren	25
20	Die Katze meiner Nachbarin	25
21	Wörter-Bingo	27
22	Marsmensch	28
23	Wörter definieren	28
24	Wie viele Dinge entsprechen dieser Definition?	30
25	Wozu passen die Adjektive?	30
26	Familienstammbaum	31
27	Der Traum-Unterrichtsraum	32
28	Welche Wörter passen zusammen?	32
29	Streichen Sie eins aus!	33
30	Wörtertreppen	34

III. Vom Satz zum Text

31	Durcheinandergewürfelte Sätze	36
32	Sätze verändern	36
33	Lebendige Sätze	37
34	Sätze verkürzen	38
35	Texte erweitern	39
36	Überschriften erweitern	40
37	Wörter löschen und ersetzen	40
38	Satzanfänge	41
39	Gedichtanfänge	41

40	Fünf-Minuten-Texte	42
41	Du schreibst als nächste/r	43
42	Kettengeschichte	43

IV. Grammatik in Aktion

43	Korrigieren Sie die Fehler	44
44	Hören Sie die Fehler?	45
45	Kettenübung	45
46	Zahlendiktat	45
47	Zahlendiktat	46
48	Adverbien darstellen	46
49	Was verrät die Mimik? (KV)	46
50	Wer liegt an der Spitze?	48
51	Vergleichen Sie die Gegenstände und Personen	48
52	Bildliche Redensarten (KV)	49
53	Detektivspiel	51
54	Was kann man damit tun?	51
55	Anweisungen befolgen	52
56	Körperhaltungen (KV)	52
57	Unter welchen Umständen würden Sie ...?	54
58	Wenn ich nicht hier wäre ...	54
59	Was haben sie gesagt?	55

V. Bilder sprechen lassen

60	Abstraktes Bild (KV)	56
61	Unsichtbarer Elefant	56
62	Mehrdeutige Bilder (KV)	58
63	Was könnte das sein?	58
64	Ungewöhnliche Perspektiven (KV)	60
65	Was kann man zu dem Bild sagen? (KV)	62
66	Wahrnehmungsblitze (2 KV)	64
67	Langsame Enthüllung (2 KV)	66
68	Was haben sie gemeinsam? (2 KV)	68
69	Was muß ich, was darf ich, was darf ich nicht? (2 KV)	68
70	Bilder mit Zukunft (2 KV)	73
71	Bildgeschichten (2 KV)	77
72	Gesichter erzählen (2 KV)	77
73	Drei Bilder-Geschichte (2 KV)	80
74	Imaginäre Bilder	82
75	Was ist los?	83
76	Bilddiktat	84
77	Memory (KV)	84
78	Silhouetten (2 KV)	86
79	Wem gehört was?	89
80	Gegenstände ertasten	89
81	Wer? Wo? Was?	90
82	Wie gut ist Ihr Gedächtnis?	90

VI. Wer fragt, weiß mehr

83	Neugierige Fragen	91
84	Unterbrechen Sie den Erzähler!	91
85	Welche Geschichte steckt dahinter?	91
86	Ratespiel mit Wörtern	92

87	Verbotene Antworten	92
88	Fragen, die ich gerne stellen würde	93
89	Interview mit einer interessanten Person	93
90	Das *alter ego*	94
91	Wichtige Personen	94
92	Quizfragen	95
93	Wahrheit und Lüge	97
94	Lüge oder Wahrheit?	97

VII. Einander kennenlernen

95	Zahlen meines Lebens	98
96	Vergleichen Sie sich untereinander!	98
97	Einer nach dem anderen	99
98	Wer ...?	99
99	Lieblingswörter	100
100	Lieblingsdinge	100
101	Vorlieben und Abneigungen	101
102	Ich wäre gern eine Giraffe	101

VIII. Diskutieren und Argumentieren

103	Was ist gerade passiert?	102
104	Worum geht es eigentlich?	103
105	Streitgespräche	104
106	So hat sie es gesagt	105
107	Sind Sie damit einverstanden?	105
108	Sprichwörter	106
109	Das will ich haben	107
110	Eisschränke an Eskimos verkaufen	108
111	Wörterbuch-Orakel	109

Register
110

Was das Lernen fördert

Bevor wir einzelne Aktivitäten mit konkreten Lernzielen vorstellen, möchten wir Ihnen einige Vorschläge machen, wie Sie möglichst günstige Bedingungen für einen erfolgreichen Lernprozeß herstellen können.

An erster Stelle geht es darum, einen gelingenden Einstieg in das Unterrichtsgeschehen zu ermöglichen. Dazu ist es wichtig, daß sich die Lerner entspannen, damit sie den Alltag abstreifen können und für die Aufnahme neuer Erfahrungen frei werden. Um dies zu fördern, gibt es verschiedene Techniken. Wir wollen Ihnen nur zwei präsentieren: die eine wird im ruhigen Sitzen durchgeführt, die andere im Gehen.

Entspannendes Sitzen

Bitten Sie die Lerner, sich bequem hinzusetzen, und erklären Sie, daß Sie ihnen helfen wollen, sich zu entspannen. Wenn Sie auf Vorbehalte stoßen, können Sie darauf hinweisen, daß viele Sportler und Künstler die Entspannungstechnik verwenden, die Sie nun zeigen werden.

Um die Anweisungen und den Verlauf der Entspannungsübung nicht unterbrechen zu müssen, stellen Sie vorher sicher, daß die Lerner mit dem Vokabular, das Sie benutzen werden, z.B. *caja torácica*, vertraut sind. Im Anfängerunterricht können Sie den Text aber auch auf deutsch vortragen, um vielleicht erst bei einem zweiten oder dritten Mal auf den spanischen Text überzugehen; der Inhalt ist dann schon vertraut.

Schlagen Sie den Lernern vor, die Augen zu schließen, wenn sie sich dabei besser konzentrieren können. Sprechen Sie dann langsam und gleichmäßig, und machen Sie nach jedem Satz eine kleine Pause, damit die Lerner das Gehörte nachvollziehen können. Hier die Textversionen in beiden Sprachen:

Siéntense con la espalda recta. Relájense. Ahora, cierren los ojos, apoyen la barbilla en el pecho e imagínense que su cabeza llega hasta el techo. Respiren profundamente. Intenten que los pulmones se llenen de aire. Apoyen relajadamente las palmas de las manos en la parte inferior de la caja torácica e intenten que se toquen las puntas de los dedos. Respiren normalmente, tranquilamente. Intenten respirar con la barriga, moviendo lo menos posible el pecho. Tras inspirar contengan un momento el aire, relajen los músculos y expiren lenta y regularmente. Esta forma de expirar es particularmente importante para la relajación. Y ahora repítanlo todo una vez más.

Setzen Sie sich gerade hin. Bleiben Sie dabei locker. Schließen Sie nun die Augen, drücken Sie das Kinn gegen die Brust und stellen Sie sich vor, daß Ihr Kopf die Decke gerade berührt. Atmen Sie tief durch. Versuchen Sie zunächst, den unteren Teil Ihrer Lunge mit Luft zu füllen. Legen Sie Ihre Hände flach und locker auf den unteren Teil des Brustkastens; Ihre Finger sollen einander gerade eben berühren. Atmen Sie ruhig und natürlich. Während Sie einatmen, hebt sich der Bauch, aber der Brustkorb bewegt sich möglichst wenig. Halten Sie nach dem Einatmen die Luft einen Moment an, entspannen Sie Ihre Muskeln, und atmen Sie dann langsam und gleichmäßig aus. Dieses Ausatmen ist für die Entspannung besonders wichtig. Wiederholen Sie nun den ganzen Vorgang.

Gehen als ob ...

Sie benötigen einen Raum, in dem man Tische und Stühle an die Wand rücken kann, um eine möglichst große freie Fläche zur Verfügung zu haben.

Bitten Sie die Lerner umherzugehen, und geben Sie dabei die in der nachstehenden Tabelle aufgelisteten Anweisungen, von denen jede einzelne etwa 10 bis 15 Sekunden lang ausgeführt wird. Insgesamt sollte die Übung nicht mehr als 5 Minuten in Anspruch nehmen. Im Anschluß daran können Sie die Lerner ermutigen, selbst Aktivitäten zu erfinden und anzuordnen.

Diese Übung eignet sich für das Kennenlernen in neu zusammengesetzten Gruppen, aber auch zum „Aufwärmen" in jeder beliebigen Unterrichtsstunde. Die körperliche Bewegung und die kreativen Einfälle stellen einen guten und meist willkommenen Ausgleich zur vorwiegend sitzenden Beschäftigung dar.

Die angeführten Beispiele sind in zwei Gruppen gegliedert: Aktivitäten, bei denen sich die Lerner mit sich selbst beschäftigen, und solche, bei denen sie mit anderen in Beziehung treten.

Camine ...
... como si estuviera muy cansado/a.
... como si acabara de recibir una buena noticia.
... como si llevara una maleta muy pesada.
... como si tuviera mucho frío.
... como si estuviera desnudo/a.
... como si fuera un niño.
... como si fuera muy viejo/a.
... como si fuera un bloque de hielo.
... como si fuera un sonámbulo.
... como si fuera el rey o la reina subiendo al trono.
... como si atravesara un río saltando de una piedra a otra.
... como si fuera un mendigo.
... como si le hubieran robado algo.
... como si fuera un funámbulo.

Caminen ...
... mirándose a los ojos.
... saludándose como amigos (por ejemplo con palmadas de la espalda).
... saludándose muy cortésmente.
... saludándose como viejos amigos que hace mucho no se han visto.
... como si su compañero/a le hubiera ofendido.
... como si usted fuera muy antipático/a.
... como si su compañero/a fuera sordo.
... como si pensara que su compañero/a no está bien de la cabeza.
... como si pensara que su compañero/a es peligroso/a.
... como si su compañero/a fuera una persona muy respetada.
... saludándose y hablando de algo que se le ocurra.

Ein wichtiges Element beim Lernen ist die Kontinuität. Gewisse Fertigkeiten – wie Hörverstehen, schriftlicher und mündlicher Ausdruck – klein dosiert, aber mit Ausdauer zu üben, führt zu wahrnehmbaren Erfolgen und motiviert zum Weitermachen. Folgende Aktivitäten können zu festen Bestandteilen einer Unterrichtsstunde werden:

Fortsetzungsgeschichte
Lesen Sie eine Geschichte, der die Lerner mühelos folgen können, in Etappen von etwa fünf Minuten vor. Wählen Sie eine Geschichte mit einer interessanten Handlung, und unterbrechen Sie die Geschichte immer an einer Stelle, an der es besonders spannend ist.
Achten Sie darauf, daß zwischen den einzelnen Fortsetzungen nicht zuviel Zeit verstreicht.

Lernertagebuch
Bitten Sie die Lerner, ein Tagebuch zu führen, und lassen Sie ihnen regelmäßig jeweils etwa fünf Minuten der Unterrichtszeit, um Einträge darin vorzunehmen.
Das Tagebuch kann die konkrete Unterrichtsstunde zum Gegenstand haben oder allgemeiner den Prozeß des Spanischlernens mitverfolgen, indem die Lerner kommentieren, welche Fortschritte sie gemacht zu haben glauben und was ihnen Schwierigkeiten bereitet; es kann aber auch einen anderen, ganz persönlichen Inhalt haben. Das Lernertagebuch muß nicht Tag für Tag oder Unterrichtsstunde für Unterrichtsstunde chronologisch fortgeschrieben werden; es reichen „Momentaufnahmen". Die Lerner können ihre Eintragungen für sich behalten oder aber, wenn sie wollen, untereinander austauschen oder auch Ihnen zum Lesen geben. Sie sollten daran denken, daß dies kein Medium ist, um sprachliche Fehler zu korrigieren.

Kurzreferate
Teilen Sie den Lernern bereits in einer der ersten Unterrichtsstunden mit, daß sie im Laufe des Kurses anhand von Stichworten ein vierminütiges Kurzreferat über ein Thema ihrer Wahl halten sollen.
Wählen Sie jede Woche nach dem Zufallsprinzip (beispielsweise durch das Ziehen von Namenszetteln aus einem Hut) eine Person aus, die in der folgenden Woche mit ihrem Kurzreferat an der Reihe ist. Nach Ablauf der vier Minuten können die übrigen Kursteilnehmer Fragen stellen und ihre Meinung zu dem Gesagten äußern.

Geben Sie den Referent(inn)en folgende Hinweise:
1. Der Kurzvortrag sollte der Kürze der Zeit und den räumlichen Gegebenheiten Rechnung tragen.
   Es ist hilfreich, das Referat vorab einmal für

sich zu halten, um sich im freien Sprechen nach Stichworten zu üben und zu testen, ob der Vortrag das Zeitlimit von vier Minuten nicht übersteigt. Dann verbleiben noch ein bis zwei Minuten für Fragen und Anmerkungen der anderen Kursteilnehmer.
2. Bilder, Gegenstände und Cassetten können das Referat unterstützen, sollen es aber nicht ersetzen.
3. Mögliche Themen:
   – eine interessante Erfahrung
   – ein Hobby
   – eine Gebrauchsanweisung
   – ein Plädoyer für eine bestimmte Sache
   – ein Mißgeschick
   – eine Aufforderung an die Teilnehmer, etwas Bestimmtes zu unternehmen
   – jedes andere Thema, mit dem die Lerner vertraut sind und das sich in vier Minuten darstellen läßt.

Eine wichtige Lernhilfe ist das Bereitstellen und Einüben von Techniken. Dazu gehört unter anderem und vor allem die Benutzung des Wörterbuchs. Hier zwei Möglichkeiten, wie Sie Ihre Lerner in die Arbeit mit dem Wörterbuch einführen können:

Schlag nach!
Wählen Sie sechs bis zehn Wörter aus, die die Lerner noch nicht kennen und die Sie einführen möchten. Präsentieren Sie diese Wörter in Sätzen oder kleinen Situationszusammenhängen. Wenn Sie diese Übung als Vokabelvorbereitung für die Erarbeitung eines Lehrbuchtextes verwenden möchten, können Sie auch die entsprechenden Sätze daraus entnehmen.
Die Lerner suchen die entsprechenden Bedeutungen in ihrem (einsprachigen oder zweisprachigen) Wörterbuch. Begrenzen Sie die Zeit und überprüfen Sie, wieviele Wörter die Lerner nach etwa fünf Minuten gefunden haben.

Wo steht das?
Diese Übung dient dazu, die Schnelligkeit und Effektivität beim Auffinden von Wörtern im Wörterbuch zu fördern.
Geben Sie ein deutsches Wort an. Die Lerner müssen in ihrem zweisprachigen Wörterbuch herausfinden, auf welcher Seite sich der entsprechende spanische Eintrag (nicht die Übersetzung des deutschen Begriffs, sondern das spanische Stichwort im spanischen Teil des Wörterbuchs) befindet. Wenn Sie z.B. das Wort *gelb* angeben, müssen sie notieren, auf welcher Seite im spanischen Teil das Stichwort *amarillo* steht.
Wie viele Wörter können die Lerner in fünf Minuten finden?
Auch Sie müssen, um das Ergebnis kontrollieren zu können, die Seitenzahlen notieren.
Um den Wettbewerbscharakter zu erhöhen, kann man die verschiedenen Seitenzahlen addieren lassen und am Schluß vergleichen, wer zum selben Ergebnis gekommen ist.
Werden in der Gruppe unterschiedliche Wörterbücher benutzt, kann das Suchen als Gruppenarbeit durchgeführt werden.

Eine weitere nützliche Technik, die es einzuüben gilt, ist das überfliegende Lesen. Hier ein Übungsvorschlag dazu:

Lesen wie der Wind
Schlagen Sie das Lehrbuch auf einer beliebigen Seite auf, und lesen Sie einen Namen, eine Überschrift oder einen Satz daraus vor. Wer findet zuerst die entsprechende Seite? (Sie können die Auswahl begrenzen, indem Sie angeben, daß Ihre Angabe zwischen Seite 30 und 50 oder in Lektion 5 zu finden ist.)
Wenn Sie sehen, daß der oder die Schnellste die Stelle gefunden hat, warten Sie noch einen Moment, um auch den anderen eine Chance zu geben, und fragen Sie dann erst nach der Seitenzahl. Wiederholen Sie die Aufgabe noch drei- bis viermal.
Anstatt sofort nach der gesuchten Seitenzahl zu fragen, können Sie die Lerner nach jedem Durchgang die Seitenzahl notieren und zum Schluß addieren lassen. Kommen alle auf dieselbe Summe?
Wenn Sie diese Übung in Verbindung mit einem längeren Text – einer Erzählung, Kurzgeschichte oder einem Theaterstück – durchführen, vermitteln Sie den Lernern damit einen guten Überblick über den Inhalt und Handlungsablauf. An welcher Stelle suchen die Lerner nach der von Ihnen zitierten Stelle und warum?
Als einfachere Variante können Sie einen kurzen Text (von einer Seite oder weniger), z.B. aus dem Lehrbuch, verwenden und die Lerner auffordern, die Zeile zu suchen, in der das von Ihnen genannte Wort steht.

Lieder sind immer wieder beliebte und lohnende Elemente des Unterrichts. Sie sind auch für „Nicht-Sänger" Ausgangspunkt für eine Reihe von nützlichen und motivierenden Aktivitäten. Hier einige Beispiele:

Stichwörter streichen
Schreiben Sie, bevor Sie ein Lied präsentieren, ein paar Stichworte aus dem Liedtext an die Tafel, und lassen Sie die Lerner über den Inhalt des Liedes spekulieren. Bitten Sie sie anschließend, die Wörter aufzuschreiben, und während Sie das Lied vorspielen, jedes Wort auszustreichen, wenn sie es hören.

Lieder in Bewegung
Schreiben Sie den Text eines einfachen, nicht zu langen Liedes auf ein großes Plakat und schnei-

den Sie es zeilenweise in Streifen. Verteilen Sie die Streifen an die Lerner und bitten Sie sie, ihre Zeile hochzuhalten, wenn Sie sie von der Cassette hören. Spielen Sie dann das Lied vor.
Nachdem nun jede/r eine ungefähre Vorstellung davon hat, ob sein/ihr Textausschnitt am Anfang, in der Mitte oder am Ende des Liedes vorkommt, spielen Sie es ein zweites Mal. Bitten Sie die Lerner, sich mit ihrem Textstreifen in der Reihenfolge aufzustellen, in der die Zeilen im Lied vorkommen. Wenn zum Schluß alle vorne stehen, können Sie das Lied ein drittes Mal zur Kontrolle spielen. Bis dahin können die Lerner meist schon die Melodie mitsummen.

Lieder-Puzzle
Bei einem komplexeren Lied und einer fortgeschritteneren Lerngruppe können Sie folgendermaßen verfahren: Bilden Sie Vierergruppen. Jede Gruppe erhält den zeilenweise in Streifen geschnittenen Liedtext und hat die Aufgabe, die einzelnen Zeilen in die richtige Reihenfolge zu bringen. Spielen Sie das Lied mehrere Male, aber achten Sie auch darauf, daß zwischendurch Pausen entstehen, in denen die Lerner die Möglichkeit haben, ihren Text nach inhaltlichen Gesichtspunkten zu überprüfen und zu ordnen. Die Gruppe, die als erste den vollständigen Text in der richtigen Reihenfolge vorlegen kann, hat gewonnen.

Lieder mit Lücken
Verteilen Sie einen Liedtext an die Lerner, aber lassen Sie etwa zehn Lücken. Dies können Wörter eines bestimmten Wortfeldes, Verbformen oder andere grammatische Phänomene sein, auf die Sie die Aufmerksamkeit der Lerner richten möchten. Spielen Sie dann das Lied mehrmals vor, und bitten Sie die Lerner, den Text in Zweiergruppen zu vervollständigen.

Wie heißt es wirklich?
Verteilen Sie den vollständigen Liedtext, aber ersetzen Sie einige Wörter durch andere, ohne daß der Text dadurch sprachlich oder inhaltlich entstellt wird. Die Lerner markieren beim Zuhören die falschen Wörter und ersetzen sie in einem zweiten Durchgang durch die richtigen.

Lieder singen
Wählen Sie ein Lied, das Sie den Lernern beibringen möchten. Schreiben Sie den Text auf eine OHP-Folie oder auf ein großes Plakat.
Spielen Sie das Lied vom Cassettenrecorder oder singen Sie es vor. Bitten Sie die Lerner, den Text mitzuverfolgen. Klären Sie Verständnisprobleme und spielen bzw. singen Sie das Lied anschließend noch einmal.
Wenn Sie in einer der nächsten Unterrichtsstunden wieder einmal ein paar Minuten Zeit übrig haben, spielen Sie das Lied erneut, und ermuntern Sie die Lerner zum Mitsingen.

Lieder mimen
Bitten Sie die Lerner, ein Lied, das sie hören, mimisch darzustellen. Dazu eignen sich besonders handlungsreiche Lieder oder Kinderlieder, in denen z.B. die Körperteile aufgezählt werden. Erwachsene, die gegenüber dieser Aktivität Vorbehalte haben, können leichter mit einbezogen werden, wenn man ihnen erklärt, daß ihnen dies beim Besuch einer spanischsprachigen Familie mit Kindern durchaus nützlich sein könnte.

Lieder zeichnen
Bitten Sie die Lerner, beim Hören eines Liedes eine ausdrucksvolle Linie zu zeichnen und diese im Anschluß ihrem Nachbarn oder ihrer Nachbarin zu erläutern. Beispiel:

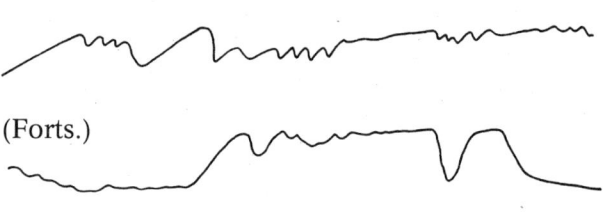

(Forts.)

Und schließlich: Auch Spaß muß sein! Räumen Sie auch dem sogenannten kreativen Unsinn hin und wieder ein wenig Platz ein. Das Heraustreten aus unseren normalen Denkstrukturen und Lerngewohnheiten wirkt auflockernd und setzt neue Kräfte frei. Folgende drei Übungen verstehen sich als kleine Anregungen, Gleiches oder Ähnliches zu versuchen:

Zungenbrecher
Schreiben Sie einen Zungenbrecher an die Tafel, und lesen Sie ihn gemeinsam mit den Lernern, zuerst langsam und dann schneller. Überprüfen Sie, ob die Aussprache korrekt ist. Bitten Sie dann einzelne Lerner, den Zungenbrecher dreimal hintereinander zu sprechen. Es gibt bestimmt viel Gelächter. Hier einige Beispiele:
Un tigre, dos tigres, tres tigres comen trigo en una trigal.
Bájame la jaula, Jaime, bájamela.
El perro de San Roque no tiene rabo porque San Roque se lo ha cortado.

Warum haben Sie einen Affen in der Tasche?
Räumen Sie eine Tasche – Ihre oder die einer Lernerin – aus. Gehen Sie auf eine/n Kursteilnehmer/in zu und geben Sie ihm/ihr die Tasche mit der Frage:
¿Por qué llevas un mono en tu bolso?

Die angesprochene Person muß eine vernünftige Begründung dafür geben, warum sie einen Affen in der Tasche hat, und gegebenenfalls weitere Fragen der Gruppe beantworten. Anschließend kann sie die Tasche an eine/n andere/n Kursteilnehmer/in weiterreichen und dabei dieselbe Frage in Verbindung mit einem anderen Gegenstand stellen, zum Beispiel:

¿Por que llevas un martillo en tu bolso?

Und so weiter.

Diese Aktivität eignet sich besonders zur Auflockerung und Entspannung, z.B. nach einer Klassen- bzw. Gruppenarbeit oder am Ende der Stunde.

Wer kann durch eine Postkarte steigen?

Sie benötigen eine Postkarte (oder ein Stück Papier in derselben Größe) und eine Schere.
Bitten Sie eine/n Kursteilnehmer/in zu sich nach vorn. Kündigen Sie an, daß Sie ein Loch in die Postkarte schneiden werden, und fragen Sie, ob er oder sie wohl durch das Loch in der Karte hindurchsteigen kann. Fordern Sie jede/n einzelne/n auf, eine Vorhersage zu machen, ob er/sie das schafft.
Zerschneiden Sie dann die Karte in der angegebenen Weise, und bitten Sie die Lerner, alle Vorgänge gut zu beobachten.

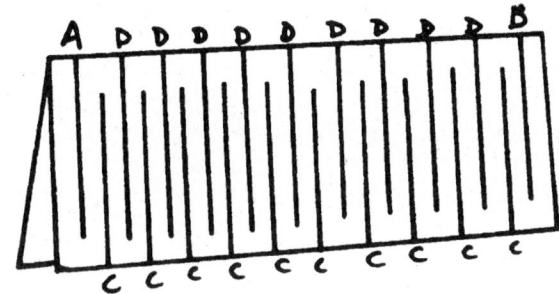

1. Falten Sie die Karte der Länge nach in der Mitte.
2. Machen Sie zwei Schnitte, A und B.
3. Schneiden Sie entlang dem Falz von A nach B.
4. Schneiden Sie danach abwechselnd C, D, C, D, etc. durch beide Hälften der gefalteten Karte.
5. Enfalten Sie nun den Zick-Zack-Kreis, und bitten Sie den/die Lerner/in hindurchzusteigen.

Zu guter Letzt gehört zum Lernen auch Bewußtheit über das Ziel und den Weg: Was will ich erreichen? Wie gelange ich dahin? Es ist daher sinnvoll, den Lernern immer wieder Gelegenheit zu geben, sich über ihre Erwartungen an den Unterricht und an sich selbst klar zu werden. Dazu kann ein Fragebogen dienen, der auch Ihnen zeigt, inwiefern Ihre Unterrichtsgestaltung den Bedürfnissen und Wünschen der Lerner entspricht. Er kann beispielsweise als Rückblick auf das vergangene Semester gesehen werden und indirekt eine Wunschliste für das folgende Semester darstellen, oder er wird jeweils in der Mitte eines Semesters (z.B. vor Weihnachten oder vor Ostern) bearbeitet, so daß die zweite Semesterhälfte darauf ausgerichtet werden kann:

Unterrichtsfeedback

Verteilen Sie den Fragebogen (siehe Kopiervorlage), der von den Lernern ausgefüllt und Ihnen ohne Angabe der Namen ausgehändigt wird.
Besprechen Sie in der nächsten Stunde die Ergebnisse, klären Sie offen gebliebene Fragen, und erstellen Sie mit den Lernern zusammen Richtlinien für die nächsten Stunden bzw. für das nächste Semester.

Sie können aber auch so vorgehen: Verteilen Sie die Beurteilungsbögen, lassen Sie sie ausfüllen und bitten Sie dann jeweils 3-4 Lerner, ihre Ergebnisse zu vergleichen, zu diskutieren und
a) sie im Plenum vorzutragen oder
b) Ihnen gemeinsam einen Brief zu schreiben, in dem steht, wie die Teilnehmer den Unterricht bis jetzt empfunden haben und welche Änderungswünsche sie vorbringen möchten.

Nach dieser kleinen Einführung in eine abwechslungsreiche, gut verdauliche und alle wichtigen Nährstoffe enthaltende Unterrichtsküche wünschen wir Ihnen viel Spaß und Erfolg mit den 111 Kurzrezepten.

Comentario individual del curso de español

Puntúe de 10 (excelente) a 0 (insuficiente) las siguientes actividades:

- lectura en clase ☐
- conversación ☐
- actividades escritas (ejercicios de ortografía, cartas, dictados) ☐
- ejercicios de comprensión auditiva ☐
- ejercicios gramaticales ☐
- explicación de la gramática ☐
- estructuración de la clase ☐
- deberes ☐

Otra cosas importantes (¿cuáles?) _____

Comentarios _____

¿Qué puede hacer el/la profesor/a para que la clase sea más interesante y eficaz?
_____

¿Qué puede hacer usted para mejorar sus conocimientos?
_____

© Ernst Klett Verlag für Wissen und Bildung GmbH, Stuttgart 1994. Alle Rechte vorbehalten. (Vervielfältigungen zum Unterrichtsgebrauch gestattet.)

I. Buchstaben, Wörter, Wortspiele

1 Spanische Wörter in unserer Sprache

LERNZIEL:

Wortschatz – spanische Fremdwörter im Deutschen und transparente Wörter (Internationalismen) als Verstehenshilfe im Anfängerunterricht

VERLAUF:

Bilden Sie Kleingruppen und lassen Sie jede Gruppe alle spanischen Wörter aufschreiben, die die Lerner aus dem Deutschen kennen, oder die als Internationalismen zu bezeichnen sind. Lassen Sie dann die Wörter an die Tafel schreiben, damit die Lerner, die eben erst mit dem Spanischlernen beginnen, sehen, daß sie bereits auf einige Vokabelkenntnisse zurückgreifen können. Gegebenenfalls fügen Sie eine Reihe von Beispielen hinzu, die die Lerner sofort erkennen werden.

Die nachstehende BOX enthält eine mögliche Auswahl von Wörtern:

> **Spanische Wörter, die Deutschsprachige auf Anhieb verstehen**
>
> piano, música, taxi, policía, teatro, poeta, amigo, calamares, lila, sangría, café, té, rosa, torero, biblioteca, teléfono, televisión, autobús, elefante, leopardo, política, ópera, información, turismo, interesante

2 Verschwindende Wörter

LERNZIEL:

Rechtschreibung und Aussprache für den Anfängerunterricht

VERLAUF:

Schreiben Sie etwa zehn spanische Wörter an die Tafel, die gewisse Rechtschreibprobleme bzw. Ausspracheschwierigkeiten aufweisen. Lassen Sie sie die Gruppe etwa eine Minute lang betrachten, weisen Sie dann auf eines der Wörter und löschen Sie es sofort. Die Lerner versuchen, sich an dieses Wort zu erinnern, und schreiben es auf. Fahren Sie auf diese Weise fort, bis kein Wort mehr an der Tafel steht. Lassen Sie dann die Lerner die notierten Wörter vorlesen und achten Sie auf ihre Aussprache. Gegebenenfalls kann die Schreibweise in Kleingruppen verglichen werden (evtl. auch mit Hilfe des Wörterbuchs). In der nachstehenden BOX finden Sie eine Sammlung von Wörtern, die sich für das Einüben der Rechtschreibung und des Wortakzents im Anfängerunterricht eignen.

VARIANTE:

Diktieren Sie zehn Wörter, mit deren Rechtschreibung die Lerner möglicherweise Schwierigkeiten haben, und bitten Sie sie, ihre Ergebnisse in Kleingruppen zu vergleichen und sich gegenseitig zu korrigieren.

Hinweis:

Notieren Sie die Wörter, mit denen die Lerner besondere Schwierigkeiten haben, und wiederholen Sie sie in einer der nächsten Unterrichtsstunden.

> **Rechtschreibung und Aussprache**
>
> Miguel, guapo, Gerardo, Virginia, Valencia, perro, para, querido, cenicero, zapato, cima, cuando, kilo, Turquía, queso, cigüeña, guía, jarrón, carro, farmacia, servilleta

3 Buchstabensalat

LERNZIEL:

Buchstabieren und Wortschatzwiederholung

VERLAUF:

Schreiben Sie Wörter, die Sie in der letzten Unterrichtseinheit eingeführt haben oder die besonders schwierig zu schreiben sind, so an die Tafel, daß die einzelnen Buchstaben in der Reihenfolge vertauscht sind. Wählen Sie nach Möglichkeit Wörter, die eine inhaltliche Beziehung zueinander haben, sonst könnte die Aufgabe zu schwierig und zeitraubend werden.

In einem Anfängerkurs könnten Sie z.B. folgende Gruppe von Wörtern verwenden:

> *tago   árpajo   errop   etnfeeal*
>
> *lloga   irteg   ajove*

Sagen Sie, daß es sich um Tiere handelt, und bitten Sie die Kursteilnehmer, in der vorgegebenen Zeit so viele wie möglich zu entziffern: *gato, pájaro, perro, elefante, gallo, tigre y oveja.*

4 Wörter, die mit ... anfangen

LERNZIEL:

Wortschatz, Rechtschreibung

VERLAUF:

Nennen Sie einen Buchstaben und bitten Sie die Lerner, innerhalb von drei Minuten so viele Wörter wie möglich aufzuschreiben, die mit diesem Buchstaben beginnen. Dies kann in Einzel-, Partner- oder Gruppenarbeit geschehen. Nach Ablauf der Zeit trägt jede/r bzw. jede Gruppe die gefundenen Wörter vor, und Sie schreiben sie an die Tafel. Ermuntern Sie die Lerner, nach der Bedeutung der Wörter zu fragen, die sie möglicherweise nicht kennen.

Hinweis:
Die Aufgabe ist besonders motivierend, wenn man eine bestimmte Anzahl von Wörtern zuvor als gemeinsame Zielvorgabe festlegt. Kommen alle zusammen auf 20, 30 oder 40 Wörter?

VARIANTE:

Anstatt einen Anfangsbuchstaben vorzugeben, bitten Sie die Kursteilnehmer, nach Wörtern zu suchen, die mit einem bestimmten Buchstaben enden oder – einfacher, für Anfängergruppen – die einen bestimmten Buchstaben enthalten.

5 Buchstaben kombinieren

LERNZIEL:

Wortschatz, Rechtschreibung

VERLAUF:

Schreiben Sie eine Auswahl von etwa 10 einzelnen Buchstaben ungeordnet an die Tafel; achten Sie darauf, daß sich zwei oder drei Vokale darunter befinden.
Fordern Sie die Kursteilnehmer dann auf, mit Hilfe dieser Buchstaben Wörter zu bilden. Jeder Buchstabe darf in einem Wort nur einmal verwendet werden.

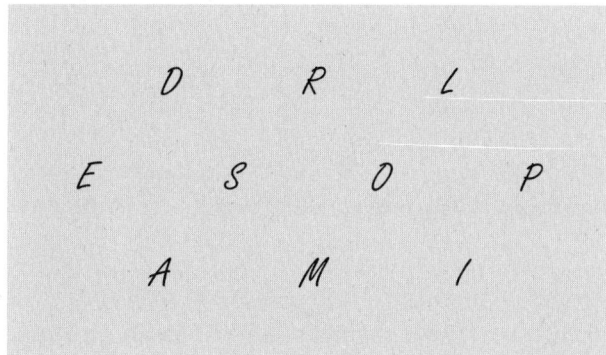

Die Wörter *pelo, piso, rosa, madre* u.a. lassen sich beispielsweise aus diesen Buchstaben bilden. Die Übung kann in unterschiedlicher Weise ablaufen: Entweder die Kursteilnehmer rufen Ihnen die Wörter, die ihnen einfallen, spontan zu, und Sie halten sie dann an der Tafel fest. Oder Sie geben den Teilnehmern vorab zwei Minuten Zeit, um die Wörter allein, zu zweit oder in Kleingruppen zu sammeln.

Hinweis:
Wie auch bei Übung 4 ist es für die Lerner motivierender, wenn man eine bestimmte Anzahl von Wörtern zuvor als Zielvorgabe festlegt, zum Beispiel 15 oder 20.

VARIANTE 1:

Anstelle der einzelnen Buchstaben können Sie auch ein – längeres – Wort als Ausgangspunkt nehmen, aus dessen Buchstaben dann die neuen Wörter zusammengesetzt werden müssen. Hierfür geeignete Wörter sind z.B. *internacional, diccionario, agricultura, representativo, arquitectura*.

VARIANTE 2:

Geben Sie nur sechs oder sieben Buchstaben an, aber gestatten Sie den Kursteilnehmern, einen Buchstaben innerhalb eines Wortes mehrmals zu verwenden.

VARIANTE 3:

Lassen Sie zu Beginn die Buchstaben von den Kursteilnehmern selber vorschlagen; achten Sie nur darauf, daß auch Vokale dabei sind.

VARIANTE 4:

Geben Sie den Lernern drei Minuten Zeit, um in Einzelarbeit die Wörter zu sammeln. Fordern Sie sie anschließend auf, in Gruppen ihre Listen zu vergleichen. Alle Wörter, die mehrfach vorkommen, werden gestrichen. Wer hat am Schluß die längste Liste mit „einzigartigen" Wörtern?

6 Wer behält die meisten Wörter?

LERNZIEL:

Wortschatzwiederholung

VERLAUF:

Schreiben Sie 15 bis 20 Vokabeln an die Tafel oder auf Folie, die Sie in den letzten Unterrichtseinheiten eingeführt haben und von denen Sie annehmen, daß die Lerner sie kennen. Vergewissern Sie sich, daß die Bedeutung aller Wörter bekannt ist. Geben Sie den Lernern eine Minute Zeit, die Wörter anzusehen, und wischen Sie sie dann aus bzw. decken Sie die Folie ab.
Bitten Sie nun die Lerner, einzeln, zu zweit oder in Kleingruppen alle Wörter, die sie behalten haben, aufzuschreiben. Wer hat die meisten Wörter und kann sie auch richtig buchstabieren?

Hinweis:
Verwenden Sie, wenn möglich, für diese Übung einen Overhead-Projektor, weil Sie damit die Wörter schnell und einfach auf- und zudecken können.

VARIANTE:

Sie können als Ausgangsmaterial für diese Übung auch Wörter verwenden, die von einer früheren Aktivität an der Tafel stehengeblieben sind.

7 Wörter lernen mit Eselsbrücken

LERNZIEL:

Memorieren von Wörtern und Sätzen

VERLAUF:

Teilen Sie die Tafel in zwei Hälften. Schreiben Sie auf die eine Seite Vokabeln, die Sie in der letzten Unterrichtseinheit eingeführt haben und von denen Sie möchten, daß die Lerner sie behalten. Fordern Sie die Gruppe auf, eine der neuen Vokabeln auszuwählen und ein vertrautes Wort zu nennen, das sie in irgendeiner Weise an die neue Vokabel erinnert. Schreiben Sie dann das „Erinnerungswort" auf die andere Seite der Tafel. Wischen Sie danach die neue Vokabel aus.
Verfahren Sie analog mit jeder der neuen Vokabeln, bis alle durch „Erinnerungswörter" ersetzt wurden. Fordern Sie nun die Lerner auf, sich zu erinnern, wie die ursprünglichen Vokabeln lauteten, an die die „Erinnerungswörter" erinnern sollen. Schreiben Sie diese Vokabeln auf, und wischen Sie die „Erinnerungswörter" aus.

VARIANTE:

Wenn Sie einen Text an der Tafel stehen haben, den Sie nicht mehr benötigen, löschen Sie einen Teil davon, jedoch nicht mehr als ein bis zwei Zeilen. Bitten Sie einen Lerner, den Text von der Tafel vorzulesen und die fehlenden Teile aus der Erinnerung zu ergänzen. Löschen Sie ein weiteres Wort oder auch zwei, und bitten Sie einen anderen Lerner, den Text vorzulesen und zu vervollständigen. Fahren Sie so fort, bis der ganze Text gelöscht ist und nur noch in den Köpfen existiert.

8 Präfixe und Suffixe

LERNZIEL:

Wortschatz – Wortbildung für fortgeschrittene Lerner

VERLAUF:

Wählen Sie ein Präfix oder ein Suffix, das Sie üben möchten, aus der nachstehenden BOX aus. Geben Sie dieses vor, und lassen Sie die Lerner möglichst viele Wortbeispiele finden, die Sie an die Tafel schreiben. Wenn Sie möchten, fügen Sie selbst das eine oder andere Wort hinzu.

Vielleicht bietet es sich in einigen Fällen an, über die Bedeutung der Präfixe und Suffixe zu sprechen, z.B.: *re-* gibt eine Wiederholung an, *des-* das Gegenteil, *-ero/a* einen Beruf etc.

VARIANTE:

Wenn Sie mehr Zeit zur Verfügung haben, geben Sie den Lernern gleichzeitig mehrere (2 bis 3) verschiedene Präfixe oder Suffixe an.

Präfixe und Suffixe

Präfixe   Beispiele

Anti-	antialérgico, anticonceptivo, antifascista, antimilitarista
Con-	concertar, concertarse, conciliar, concordia, concordancia, condolencia, condiscípulo, condominio, conllevar
Des-/Dis-	descalificar, descolgar, destrozar, desvestirse, disculparse, disolverse, distinguirse, distraerse
Entre-	entreabrir, entreacto, entrecano, entresuelo
Extra-	extraoficial, extraordinario, extraparlamentario, extrarradio
In-	incapaz, inconsciente, incomprensible, inhumano, invariable; *auch:* imposible, imprevisible
Inter-	intercontinental, internacional, interponer/-se
Pre-	precocinado, precoz, prejuicio, prematuro, presuponer, prever
Pro-	proponer, procesar, promover, propietario
Re-	recambiar, recoger, reconocer, reconstruir, retener
Sub-	subalterno, submarinismo, subsecretario, subterráneo, suburbano
Tra(n)s-	transacción, tra(n)smitir, tra(n)sparente, tra(n)splantar

Suffixe   Beispiele

-al	convencional, emocional, parcial
-ble	comestible, contable, favorable, lavable, manejable, posible, variable
-ero/a	carnicero, carpintero, frutero, panadero, pescadero
-illa	carretilla, manecilla, zapatilla
-ión	lección, nación, pensión, región, visión,
-ismo	catolicismo, egoísmo, erotismo, idealismo, materialismo, protagonismo, protestantismo, romanticismo
-ista	anarquista, automovilista, especialista, masajista, optimista, partidista, pesimista, realista
-mento	apartamento, condimento, parlamento
-ón	apagón, escalón, montón, ratón, resbalón, terrón
-or/a	aspirador, cargador, cobrador, colador, despertador, rociador, segadora, secador
-ría	carnicería, lechería, panadería, pescadería, zapatería

9 Brainstorming rund um ein Wort

LERNZIEL:

Wortschatzwiederholung und -erweiterung

VERLAUF:

Wählen Sie ein Wort, das die Gruppe vor kurzem gelernt hat, und bitten Sie die Lerner, alle Begriffe zu nennen, die sie mit diesem Wort in Verbindung bringen. Schreiben Sie die genannten Begriffe kreisförmig rund um das Ausgangswort an die Tafel, und verbinden Sie es mit ihm durch eine Linie, so daß eine strahlenförmige Wortgruppe entsteht.
Beim Stichwort *vestido* könnte z.B. folgendes Wortfeld entstehen:

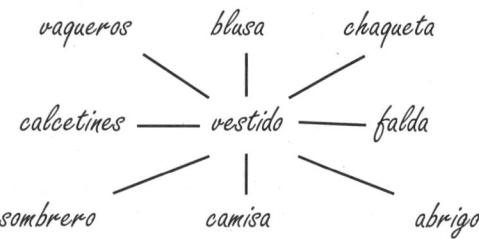

Auf einem höheren Lernniveau könnte die Wörtersammlung z.B. zum Stichwort *décision* folgendermaßen aussehen:

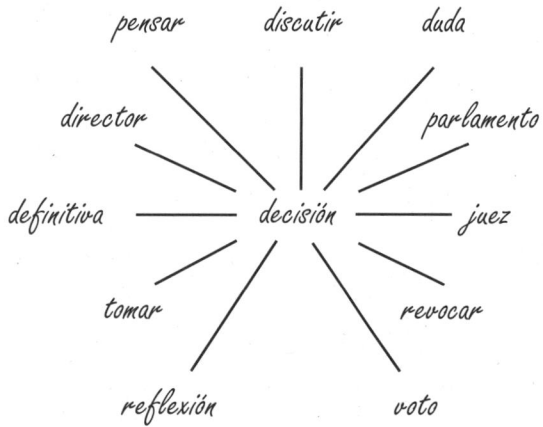

Diese Aktivität kann natürlich auch in Einzel- oder Partnerarbeit durchgeführt werden.

VARIANTE 1:

Begrenzen Sie die Assoziationsmöglichkeiten, indem Sie z.B. nur Adjektive zulassen, die mit dem in der Mitte stehenden Substantiv kombinierbar sind; in Verbindung mit *vestido* wären das Adjektive wie *negro, viejo, bonito* und *elegante*. In Verbindung mit *decisión* könnten *definitiva, correcta, política* oder *aceptable* genannt werden.
Oder lassen Sie Verben suchen, die mit einem Substantiv zu kombinieren sind; im Falle der Kleidung wären das z.B. *llevar, lavar, ponerse, comprar;* im Fall von *decisión* z.B. *tomar, confirmar, aceptar, rechazar*.

VARIANTE 2:

Ein in der Mitte stehendes Adjektiv kann mit passenden Substantiven ergänzt werden (*frío/a* umgeben von *comida, invierno, persona* etc.) oder ein Verb mit passenden Adverbien (*hablar* umgeben von *despacio, alto, claramente, incorrectamente, solemnemente, animadamente, entusiasmado...*).

VARIANTE 3:

Für Fortgeschrittene ist auch ein Wortstamm als Ausgangspunkt denkbar, z.B. *fruta, frutilla, frutería, fructosa, fructífero, frutero/a* oder *camino, caminante, caminado, caminar, caminable* etc.
Eine weitere Möglichkeit sind Präfixe wie *con-* (*concentración, conclusión, conspirar, conciliar*) oder Suffixe wie *-able, -ión*.

ERWEITERUNG:

Wischen Sie alle Wörter, bis auf das in der Mitte, von der Tafel. Bitten Sie die Lerner, so viele der gelöschten Wörter wie möglich aus dem Gedächtnis aufzuschreiben.

10 Assoziationen

LERNZIEL:

Wortschatzwiederholung und -erweiterung

VERLAUF:

Beginnen Sie mit einem Wort, das viele Assoziationen auslöst, z.B. *tempestad*.
Ein/e Lerner/in sagt, was ihm/ihr zu diesem Wort einfällt, es könnte z.B. *violenta* sein. Der/die nächste nennt eine Assoziation zu *violenta* und so weiter, bis alle einmal dran waren.
Andere Wörter, die sich gut für den Beginn eignen, sind z.B.: *mar, fuego, cansado, vacaciones, mañana, español, familia, patria, furioso...* Sie können auch Vokabeln verwenden, die Sie in einer der letzten Unterrichtseinheiten durchgenommen haben.

VARIANTE:

Wenn Sie noch Zeit haben, nachdem eine Kette von etwa 10 bis 20 Assoziationen gebildet wurde, schreiben Sie das letzte vorgeschlagene Wort an die Tafel und versuchen gemeinsam mit der Gruppe, die ganze Kette bis zum Ausgangswort zu rekonstruieren.

11 Wer ist gemeint?

LERNZIEL:

Wortschatz

VERLAUF:

Schreiben Sie eine Liste von etwa zehn Berufsbezeichnungen an die Tafel. Bitten Sie nun die Lerner, etwa zehn Assoziationen – Ideen, Eindrücke, Erinnerungen – aufzuschreiben, die sie mit einem der Berufe in Verbindung bringen, ohne jedoch den Beruf selber zu erwähnen. Es dürfen nur einzelne Wörter gesammelt werden. Folgende Assoziationen beziehen sich auf einen in der ersten Zeile der BOX genannten Beruf: *pobre, caro, color, tela, dolor, alegría, pincel, olor, paisaje, amigos*.
Anschließend arbeiten die Lerner zu zweit und versuchen herauszufinden, auf welchen Beruf sich die Wortliste ihres Nachbarn/ihrer Nachbarin bezieht. Diese/r bestätigt oder verwirft die Vermutung und erläutert, in welchem assoziativen Zusammenhang die Begriffe auf seiner/ihrer Liste zu dem Beruf stehen. Die Verbindung muß nicht immer augenfällig sein; im Falle von *artista*, worauf sich die obigen Beispiele beziehen, sind die nicht offensichtlichen Assoziationen z.B. *olor* (Geruch der Farbe), *paisaje* (in der freien Natur malen/eine Landschaft malen), *amigos* (Freunde, die Künstler sind).

Berufsbezeichnungen

actor/actriz, arquitecto/a, artista, banquero/a, camarero/a, campesino/a, cantante, carnicero/a, cartero/a, cocinero/a, dentista, ejecutivo/a, empleado/a, escritor/a, guardia, marinero, médico/a, periodista, profesor/a, químico, representante, taxista, trabajador/a, veterinario/a

12 Wo kommt das her?

LERNZIEL:

Wortschatzwiederholung, Diskutieren

VERLAUF:

Schreiben Sie die Bezeichnung für einen Gebrauchsgegenstand in die Mitte der Tafel. Fragen Sie die Lerner, aus welchem Material der Gegenstand ist, oder stellen Sie andere Fragen, die darauf abzielen herauszufinden, wie der Gegenstand oder das Material in einem früheren Zustand beschaffen waren.

Schreiben Sie alle Vorschläge der Lerner an die Tafel und wiederholen Sie dann jede einzelne Frage. Wenn Sie beispielsweise mit *zapato* beginnen, könnten die ersten Fragen so aussehen:

Sie:	*Zapato. ¿De qué es?*
Lerner/in:	*De cuero.*
Sie:	*Sí. ¿Y de dónde se extrae el cuero?*
Lerner/in:	*De una vaca, por ejemplo.*
Sie:	*¿Dónde vive la vaca?*
Lerner/in:	*En un prado.*

---

zapato   cuero / vaca / prado   *armario*   madera / árbol / bosque   *Bolivia*   lana / oveja / hierba

---

13 Irrtümer beim Vorlesen

LERNZIEL:

Hörverstehen, aufmerksames Mitlesen

VERLAUF:

Wählen Sie einen Text aus dem Lehrbuch. Kündigen Sie an, daß Sie ihn vorlesen werden, und bitten Sie die Lerner, im Buch mitzulesen. Erwähnen Sie beiläufig, daß Sie müde sind oder Ihre Lesebrille vergessen haben und daß Ihnen beim Lesen daher möglicherweise Fehler unterlaufen.

Bitten Sie die Lerner, Ihnen in dem Fall sofort zu sagen, daß Sie sich vertan haben.
Lesen Sie den Text vor, und ersetzen Sie dabei absichtlich einzelne Wörter, lassen Sie welche aus oder fügen Sie welche hinzu, ohne daß die Sätze sprachlich falsch werden. Die Lerner melden sich an jeder Stelle, bei der sie merken, daß der von Ihnen vorgelesene Text von dem im Buch abweicht. Bedanken Sie sich dann, und fahren Sie mit dem Vorlesen fort, wobei Sie weitere „Fehler" machen.

14 Erraten Sie das Wort!

LERNZIEL:

Hörverstehen, Wortschatz

VERLAUF:

Lesen Sie eine Geschichte oder einen Lehrbuchtext vor, und halten Sie jeweils vor einem Schlüsselwort inne. Die Lerner sollen nun dieses Wort erraten und entweder spontan mündlich äußern oder aber schriftlich festhalten.

Wenn Sie einen Text wählen, der bereits von der Gruppe erarbeitet worden ist, dient diese Übung zur Wiederholung des Lektionswortschatzes.

II. Begriffe erraten, (zu)ordnen, definieren

15 Scrabble

LERNZIEL:

Wortschatzwiederholung

VERLAUF:

Bitten Sie eine/n Lerner/in, ein Wort mit nicht mehr als fünf Buchstaben mitten auf die Tafel zu schreiben. Am besten ist es, in Blockbuchstaben zu schreiben, und zwar so, daß die einzelnen Buchstaben deutlich von einander getrennt sind. Beispiel: METRO.
Nun denken Sie an ein Wort, das mit dem obigen Wort mindestens einen Buchstaben gemeinsam hat. Zu diesem Wort geben Sie den Lernern eine Definition, z.B.: *Es un animal*. Wenn jemand das Wort PERRO errät, schreibt er/sie es so an die Tafel, daß es sich mit dem ersten Wort kreuzt.

Bitten Sie nun einen Lerner, ein Wort zu finden, das mit *perro* das R oder mit *metro* das O oder das R gemeinsam hat. Diese/r Lerner/in soll der Gruppe einen Hinweis geben, indem er/sie die Länge des Wortes und seinen ersten Buchstaben angibt. Wer das Wort gefunden hat, schreibt es an die Tafel. Lassen Sie nun auf diese Weise ein Scrabble entstehen, und zählen Sie dann mit der Gruppe nach, wieviele Wörter in 5-10 Minuten gefunden werden konnten.

VARIANTE 1:

Zeichnen Sie ein Quadrat von 10x10 Kästchen an die Tafel und lassen Sie das Scrabble erstellen wie oben beschrieben.

VARIANTE 2:

Wenn Sie diese Arbeit bei anderer Gelegenheit fortsetzen wollen, stellen Sie den Lernern zusätzlich die Aufgabe, alle Hinweise auf die betreffenden Wörter schriftlich festzuhalten. Sie können dann das Scrabble von einer anderen Gruppe lösen lassen.

VARIANTE 3:

Wenn Sie eine nicht allzu große Gruppe haben, können Sie diese Übung dazu verwenden, zu Beginn eines neuen Kurses die Teilnehmer miteinander bekanntzumachen. Beginnen Sie damit, Ihren Vornamen an die Tafel zu schreiben, und lassen Sie die Teilnehmer nach und nach ihre Namen in Form eines Scrabbles anfügen.

16 Oberbegriffe

LERNZIELE:

Hörverstehen, Wortschatzarbeit

VERLAUF:

Bitten Sie die Lerner, auf einem Blatt zwei oder drei Spalten zu markieren, und nennen Sie für jede einen Oberbegriff, z.B. *alimentos* und *bebidas* oder *tierra, agua, aire, animal, vegetal* ... Diktieren Sie dann eine Reihe von Wörtern, die zu diesen Oberbegriffen passen. Die Lerner machen bei jedem genannten Wort ein Kreuz in der entsprechenden Spalte. Bei den Oberbegriffen *alimentos* und *bebidas* und den Wörtern *té, manzana, pan, café, pastel, agua, huevo, carne* könnte z.B. folgende Tabelle entstehen:

ALIMENTOS	BEBIDAS
	X
X	
X	
	X
X	
	X
X	
X	

Gebrauchsfertige Beispiele finden Sie in der BOX. Vergessen Sie nicht, die Wörter, die Sie nennen, zu notieren, damit Sie das Ergebnis der Lerner überprüfen können.

VARIANTE:

Wenn Sie eine schwierigere Übung anbieten wollen und mehr Zeit zur Verfügung haben, bitten Sie die Lerner, jedes Wort in die entsprechende Spalte zu schreiben. Das Ergebnis könnte dann so aussehen:

ALIMENTOS	BEBIDAS
manzana	té
pan	café
pastel	agua
huevo	
carne	

Oberbegriffe

Anfänger:

Alimentos, bebidas: té, manzana, pan, café, agua, huevo, carne, cerveza, leche, chocolate, patata, arroz, pasta, zumo de naranja.

Animales, objetos: perro, pluma, piel, elefante, puerta, león, libro, mesa, gato, caballo, burro, televisor.

Grande, pequeño: elefante, ratón, caja de cerillas, casa, flor, montaña, pluma, cigarrillo, huevo, mar.

Circular, rectangular: sol, libro, pizarra, pelota, ventana, puerta, luna, televisor, flor, casa, anillo, rueda, mesa.

Tierra, agua, aire: nube, lluvia, pez, árbol, onda, niebla, cielo, campo, barco, carretera, montaña, viento, nadar.

Fortgeschrittene:

Triste, alegre: sonrisa, lágrima, reírse, miserable, trágico, contento, agradable, depresivo, afortunado, celebración, divertido, lamentarse, llorar

Ruidoso, tranquilo: grito, fiesta, misa, murmullo, concierto, pito, partido, entierro, tormenta

Superior, inferior: sirviente, señor, rey, súbdito, maestro, jefe, subordinado, comandante, asistente, capitán, director, príncipe

Salud, enfermedad: fiebre, dolor, risa, inflamación, energía, fuerzas, coma, colapso, inválido, sangrar, saludable, sano

17 Gegensatzpaare

LERNZIEL:

Wortschatzwiederholung und -erweiterung

VERLAUF:

Diktieren Sie etwa 6 bis 10 Wörter, die deutliche Antonyme aufweisen, oder schreiben Sie sie an die Tafel. In Paaren oder in Kleingruppen versuchen die Lerner, jeweils „die andere Hälfte" zu finden und aufzuschreiben. Helfen Sie ihnen dabei und geben Sie die Wörter an, die nicht bekannt sind.

In der nachstehenden BOX finden Sie eine Beispielsammlung für Gegensatzpaare. Beachten Sie aber, daß es sich dabei nur um Vorschläge handelt und daß Sie und Ihre Lerner vielleicht andere Gegensatzpaare bilden möchten, die hier nicht angeführt sind.

In einigen Fällen können Wörter zwei oder mehrere Antonyme aufweisen, z.B: *dulce: salado* oder *amargo* oder *agrio*. Zeigen Sie sich offen gegenüber kreativen und unkonventionellen Vorschlägen Ihrer Lerner, sofern sie sie gut begründen können.

VARIANTE:

Wenn am Ende der Übung alle Gegensatzpaare an der Tafel stehen, löschen Sie die Wörter, von denen Sie ausgegangen sind, und lassen Sie sie von den Lernern erneut finden.

Gegensatzpaare

Niveau 1
abrir: cerrar
aburrido: interesante
beber: comer
blanco: negro
bonito: feo
día: noche
esposa: marido
fácil: difícil
frío: calor
hombre: mujer
largo: corto, breve

lejos: cerca
mucho: poco
padre: hijo, madre
pequeño: grande
pie: mano, cabeza
salida: entrada
sin: con
vender: comprar
verano: invierno
verdadero: falso
viejo: joven, nuevo

Niveau 2
alto: bajo
amigo: enemigo
ascender: descender
aumentar: disminuir
avanzar: retroceder
bien: mal
brazo: pierna
claro: oscuro
duro: blando, comprensivo
femenino: masculino
futuro: pasado
grueso: delgado
largo: corto, estrecho

ligero: pesado
liso: rugoso, áspero
lleno: vacío
partir: llegar
paz: guerra
perder: encontrar
primero: último
principio: final
recordar: olvidar
ruidoso: tranquilo
simple: complejo
tirar: conservar
todo: nada

18 Ein Wort – verschiedene Bedeutungen

LERNZIEL:

Wortschatzerweiterung durch Homonyme

VERLAUF:

Diktieren Sie zwei oder drei Wörter, die zwei oder mehr Bedeutungen haben. Beispielsweise bedeutet *puro* „rein", aber auch „Zigarre". In Kleingruppen ermitteln die Lerner die verschiedenen Bedeutungen der vorgegebenen Wörter und schreiben sie auf. Sie können entweder, wie im genannten Beispiel, die verschiedenen deutschen Bedeutungen notieren oder eine Definition angeben oder auch einen Satz bilden, in dem das Wort dem Kontext entsprechend gebraucht wird.
Wenn die Lerner Wörterbücher zur Verfügung haben, dürfen sie sie benutzen. Ansonsten genügt es auch, sich gegenseitig auszutauschen.

VARIANTE:

Sie können auch umgekehrt verfahren und ein deutsches Wort angeben, das im Spanischen durch unterschiedliche Begriffe wiedergegeben wird, z.B. „leicht" mit der Bedeutung *ligero* (leicht an Gewicht) und *fácil* (einfach).
Beispiele für beide Gruppen finden Sie in der BOX:

Ein Wort – verschiedene Bedeutungen

Spanische Wörter	Bedeutung 1	Bedeutung 2
cuarto	Viertel (kg)	Zimmer
garaje	Garage	Werkstatt
hijos	Söhne	Kinder
hombre	Mann	Mensch
lengua	Sprache	Zunge
muñeca	Puppe	Handgelenk
papel	Papier	Rolle
piel	Haut, Leder	Pelz, Fell
piso	Etage	Wohnung
pueblo	Dorf	Volk
puro	rein, echt	Zigarre
rico	reich	lecker
sentir	fühlen	bedauern
tiempo	Zeit	Wetter

Deutsche Wörter	Bedeutung 1	Bedeutung 2
Eis	helado	hielo
Glas	vaso	vidrio
Kurs	curso	cambio
Land	país	campo
Leiter	escalera	directivo
Nagel	clavo	uña
Ort	lugar	pueblo
Preis	premio	precio
Raum	espacio	habitación
schwer	pesado	difícil
spielen	jugar	tocar
verdienen	ganar	merecer
weit	lejos	ancho
Wirtschaft	taberna	economía

19 Substantive und Adjektive kombinieren

LERNZIEL:

Wortschatzarbeit

VERLAUF:

Bitten Sie die Lerner, Substantive in Verbindung mit einem nachgestellten Adjektiv zu nennen, z.B. *un gato negro, un estudiante excelente*. Machen Sie auch selber mit. Während die Begriffspaare genannt werden, schreiben Sie die Substantive untereinander auf die linke Seite der Tafel und die Adjektive auf die rechte, so daß Sie zwei Spalten erhalten.
Fordern Sie die Lerner auf, neue Kombinationen vorzuschlagen, z.B. *un estudiante desordenado*, und verbinden Sie die beiden Wörter durch eine Linie. Wieviele Kombinationen sind möglich? Wer eine ungewöhnliche Kombination vorschlägt, muß sie begründen. Finden Sie eine Begründung für *un gato difícil*?

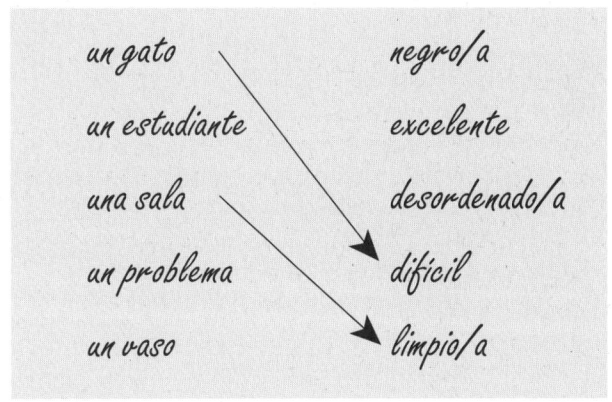

VARIANTE:

Von einer fortgeschrittenen Gruppe können Sie kombinierbare Adverbien und Adjektive suchen lassen z.B. *realmente difícil, claramente apreciable* etc.

20 Die Katze meiner Nachbarin

LERNZIEL:

Wiederholung und Festigung von Adjektiven

VERLAUF:

Zeichnen Sie eine Katze an die Tafel.

Stellen Sie sie als Katze Ihrer Nachbarin vor und sagen Sie: *El gato de mi vecina es un gato agresivo.*

Schreiben Sie *agresivo* an die Tafel und fügen Sie alle Buchstaben des Alphabets unter dem *a* von *agresivo* hinzu. Fragen Sie nun die Lerner, was sie über die Katze ihrer eigenen Nachbarin sagen können, und ermuntern Sie sie, alle möglichen Eigenschaften in beliebiger Reihenfolge zu nennen. Schreiben Sie die genannten Adjektive jeweils zu dem entsprechenden Buchstaben.

Sie:	*El gato de mi vecina es un gato agresivo.*
Lerner A:	*El gato de mi vecina es un gato hermoso.*
Lerner B:	*El gato de mi vecina es un gato tranquilo.*
Lerner C:	*El gato de mi vecina es un gato perezoso.* etc.

Hinweis:
Fordern Sie die Lerner auf, mit den Adjektiven spielerisch umzugehen, und gestatten Sie ihnen etwas „dichterische Freiheit". Zum Beispiel würde man normalerweise nicht sagen *un gato culpable*, aber warum sollte diese amüsante Ausdrucksweise nicht möglich sein? Wenn den Kursteilnehmern

die Übung Spaß macht, können Sie sie nutzen, um neue Adjektive einzuführen. Bitten Sie die Lerner in diesem Fall, ein Wörterbuch zu benutzen.
Sie können auch die von der Gruppe gesammelten Adjektive aufschreiben und die Übung in einer der nächsten Unterrichtsstunden fortsetzen.

VARIANTE 1:

Wenn Sie genügend Zeit zur Verfügung haben, bitten Sie die Lerner zu wiederholen, was die vorhergehenden Personen gesagt haben. Ein Lerner könnte sich etwa so äußern:
El gato de la vecina de Claudia es agresivo.
El gato de la vecina de Roberto es hermoso.
El gato de la vecina del señor Romero es tranquilo.
El gato de mi vecina es perezoso.

VARIANTE 2:

Bitten Sie die Lerner, zu jedem Buchstaben möglichst viele Adjektive zu nennen, die sich auf eine Katze beziehen können.

VARIANTE 3:

Schreiben Sie den Namen einer berühmten Person unter die Katze. Fordern Sie die Lerner auf, zu jedem der Buchstaben des Namens ein Adjektiv zu nennen, das eine Eigenschaft bezeichnet, die die Katze dieser Person haben sollte.

VARIANTE 4:

Schreiben Sie den Namen einer Kursteilnehmerin an die Tafel, die eine Katze (oder ein anderes Haustier) besitzt, z.B. Simone. Bitten Sie die anderen Teilnehmer, Adjektive zu jedem Buchstaben dieses Namens zu nennen. Sie sollten sich dann bei der Besitzerin vergewissern, ob die Eigenschaft auf ihr Tier zutrifft oder nicht, und entsprechende bejahte oder verneinte Sätze bilden.

Lerner A: *Simone, ¿es revoltoso tu gato?*
Simone: *No, no es revoltoso.*
Lerner A: *El gato de Simone no es revoltoso.*
Lerner B: *Simone, ¿es obstinado tu gato?*
Simone: *Sí, es obstinado.*
Lerner B: *El gato de Simone es obstinado.*

Die Katze meiner Nachbarin

aburrido, adorable, africano, agresivo, amoroso
blanco, bobo, bonito, borracho
cariñoso, cazador, célebre, celoso, culpable
débil, delgado, desesperado
emancipado, embarazada, espiritual, extrovertido, egoísta, engreído
famoso, feliz, feo, frío, frustrado
generoso, gordo, grande
hermoso, hospitalario, humilde
idealista, impaciente, indignado, inmoral, inocente
joven, jocoso, juguetón
letárgico, libre, loco
mágico, magnífico, materialista, moderado, mudo, mimado, mimoso
negro, nervioso
ñoño
obsesivo, orgulloso, original, obstinado
particular, persuasivo, pobre, prudente
quieto
rápido, razonable, rico, romántico, ruidoso, revoltoso
sabio, salvaje, sedoso, seductor, sentimental, serio, solitario, sociable,
soberbio, suave
tímido, tonto, torpe, tozudo, triste
ufano, único, urbano
valiente, violento, vanidoso

21 Wörter-Bingo

LERNZIEL:

Wortschatzarbeit (Synonyme, Antonyme, Definitionen)

VERLAUF:

Schreiben Sie 10 bis 15 Wörter, die Sie wiederholen möchten, an die Tafel. Bitten Sie die Lerner, fünf davon auszuwählen und aufzuschreiben. Lesen Sie eine Definition der an der Tafel stehenden Wörter in beliebiger Reihenfolge langsam und laut vor. Wer eines der definierten Wörter auf seiner Liste hat, streicht es durch. Die Lerner müssen dabei auf die Bedeutung achten und die Definition zu ihren Wörtern in Beziehung setzen. Wer alle 5 Wörter gestrichen hat, ruft *Bingo!* Notieren Sie auch selber, welche Wörter Sie genannt haben, um nachzuprüfen, ob die Lerner tatsächlich alle fünf Wörter erkannt haben konnten.

VARIANTE:

Will man die richtige Zuordnung von Aussprache und Rechtschreibung üben, wählt man phonetisch schwierige und leicht verwechselbare Wörter und liest diese anstelle der Definitionen vor. Ebenso kann man Synonyme oder Antonyme verwenden.

Hinweis:
Wenn am Ende einer Unterrichtsstunde eine Reihe von Wörtern an der Tafel stehengeblieben sind, kann man diese für ein Wörter-Bingo nutzen.

Definitionen

agua	Cuando hace mucho frío no corre más.
amor	Te puede hacer feliz.
cien	Son diez por diez.
cigarrillo	Es dinero que se va en forma de humo.
dinero	Se dice que no hace feliz.
egoísta	Todos lo somos, más o menos.
hojas	En invierno caen de los árboles.
invierno	En Argentina, son junio, julio, agosto.
mundo	Da vueltas todo el día y todo el año.
pesado	Lo contrario de ligero.
salud	Sin ella estamos enfermos.
tiempo	Pasa rápida- o lentamente, pero no se puede parar.

22 Marsmensch

LERNZIEL:

Umschreiben, Definieren

VERLAUF:

Zeichnen Sie einen „Außerirdischen" an die Tafel.

Halten Sie Ihre Zeigefinger zu beiden Seiten des Kopfes hoch und erklären Sie der Gruppe, daß Sie ein Marsmensch sind. Geben Sie vor, die einfachsten Dinge des täglichen Lebens auf der Erde nicht zu kennen, z.B. Autos, Kaffee, Schiffe, Musik. Sagen Sie auch, daß Sie nur über einen sehr begrenzten Wortschatz im Spanischen verfügen. Die Kursteilnehmer sollen Ihnen nun erklären, was mit all diesen Dingen gemeint ist, aber Sie fragen dauernd nach, als ob Sie nicht verstanden hätten.

Zum Beispiel:
Marsmensch: ¿Qué es un coche?
Lerner A: *Es un medio de transporte; sirve para deplazarse.*
Marsmensch: ¿Qué significa „deplazarse"?
Lerner B: *Desplazarse quiere decir „ir de un lugar a otro"*
Marsmensch: ¿Qué aspecto tiene?
Lerner C: *Se parece a una caja con ruedas.*
Marsmensch: ¿Qué es una caja?
Etc.

23 Wörter definieren

LERNZIEL:

Definieren, Relativsätze

VERLAUF:

Schreiben Sie eine Liste von 8 bekannten Substantiven mit gleichem Anfangsbuchstaben an die Tafel. (Auf S. 29 finden Sie eine Reihe von Beispielen.)
Bitten Sie nun die Lerner, für jedes Wort eine geeignete Definition zu finden und dabei vorwiegend Relativsätze zu gebrauchen. Hier einige Beispiele:
Un **año** *es un periodo de tiempo que comprende 12 meses.*
Austria *es un país que se encuentra en el centro de Europa y donde se habla alemán.*
Un **árbol** *es un vegetal que puede medir varios metros de altura.*

ERWEITERUNG:

Die Lerner arbeiten zu zweit oder in Kleingruppen. Geben Sie nun jeder Gruppe eine andere Wortliste und lassen Sie sie die Definitionen erstellen. Daraufhin schreibt jede Gruppe ihre Definitionen – ohne die definierten Begriffe – auf ein Blatt Papier und tauscht dieses mit einer anderen Gruppe aus. Nun geht es darum, zu den Definitionen die richtigen Begriffe zu finden und festzustellen, mit welchem Buchstaben sie alle beginnen.
Wenn genügend Zeit vorhanden ist, lassen Sie die Gruppen ihre Ergebnisse vorlesen.

VARIANTE:

Sie können die Wortlisten auch von den Lernern erstellen lassen, anstatt sie ihnen fix und fertig vorzulegen. Dies könnte auch eine Hausaufgabe sein, die die obige Übung für die nächste Unterrichtsstunde vorbereitet.

Wörter definieren

Niveau 1:

Liste 1	**Liste 2**	**Liste 3**	**Liste 4**
año	brazo	cine	dado
Austria	bolsa	caballo	disco
árbol	billete	ciudad	democracia
aeropuerto	barco	Chile	ducha
agosto	bicicleta	cena	Dinamarca
ancla	Brasil	cintura	Danubio
alfombra	botella	Colonia	dedo
asesino	boca	carta	desodorante

Liste 5	**Liste 6**	**Liste 7**	**Liste 8**
fantasma	gallo	lengua	mano
flor	gamba	leche	madre
fiesta	góndola	libro	mañana
filete	gato	lámpara	máquina
ferrocarril	Galicia	letra	masa
feria	garaje	Londres	mueble
Francia	guerra	latín	motocicleta
farola	geografía	lago	muerte

Liste 9	**Liste 10**	**Liste 11**	**Liste 12**
Pascua	negocio	sala	tierra
pelo	noche	sol	teatro
pan	Nilo	sillón	Turquía
piscina	Noruega	Suiza	taza
pasaporte	nariz	sangre	tulipán
peso	número	salida	tapa
pescado	nacimiento	sed	tinta
puerta	nido	suelo	tela

Niveau 2:

Liste 13	**Liste 14**	**Liste 15**	**Liste 16**
diente	humanidad	pesca	río
dado	huevo	promesa	rama
Dios	humo	pato	rizo
divorcio	humedad	propuesta	receta
dolor	horario	patente	riqueza
deseo	Holanda	premio	rayo
desviación	hilo	paz	revolución
defensa	helicóptero	poeta	rectángulo

Liste 17	**Liste 18**
víspera	zapato
valor	zeta
víctima	zar
vapor	zorro
vidrio	zanahoria
venganza	zumo
visita	zapatilla
victoria	zoo

24 Wieviele Dinge entsprechen dieser Definition?

LERNZIEL:

Wortschatz

VERLAUF:

Bilden Sie Kleingruppen. Die Lerner versuchen, möglichst viele Gegenstände zu finden und aufzulisten, die auf eine bestimmte von Ihnen gegebene Definition passen. Hier ein Beispiel:
Sie sagen: *Pensad en objetos que sean lo suficientemente pequeños como para que quepan en una caja de cerillas.* (In der BOX finden Sie weitere Beispiele.)
Nachdem die Gruppen 2-3 Minuten lang Zeit hatten, um ihre Ideen aufzulisten, werden sämtliche Wörter an die Tafel geschrieben, oder es wird im Sinne eines Wettbewerbs verglichen, welche Gruppe die meisten gültigen Wörter gefunden hat.

Definitionen

Qué objetos...

... son rectangulares?
... son circulares?
... son largos y finos?
... hacen ruido?
... son de madera/vidrio/papel/metal?
... son bonitos?
... tienen un asa?
... pueden servir para sentarse encima?
... se pueden abrir y cerrar?

25 Wozu passen die Adjektive?

LERNZIEL:

Wortschatzwiederholung

VERLAUF:

Schreiben Sie drei Adjektive an die Tafel, z.B.:

bonito   peligroso   útil

Fordern Sie die Lerner auf, Dinge zu nennen, die mit allen drei Adjektiven beschrieben werden können. Zum Beispiel:

un coche – un avión – el fuego – un viaje

VARIANTE:

Die Lerner notieren in Zweiergruppen drei Adjektive und so viele Dinge wie möglich, die mit diesen Adjektiven beschrieben werden können. Schreiben Sie danach die drei Adjektive einer Gruppe an die Tafel, und bitten Sie die übrigen Kursteilnehmer, dazu passende Dinge zu nennen. Anschließend werden die gesammelten Begriffe mit denen der Zweiergruppe verglichen.
Weitere Beispiele für Adjektiv-Kombinationen finden Sie in der BOX.

Adjektive

hermoso, grande, frío
verde, nuevo, caro
pequeño, feliz, libre
pequeño, ruidoso, gordo
caro, fantástico, caliente

caro, pesado, interesante
fantástico, emocionante, peligroso
largo, fino, útil
rápido, excelente, caro
divertido, pequeño, fino

26 Familienstammbaum

LERNZIEL:

Hörverstehen, Notizen machen, Wortfeld: Verwandtschaftsbezeichnungen

VERLAUF:

Vergewissern Sie sich, daß alle wissen, was ein Familienstammbaum ist, geben Sie bei Bedarf eine Erklärung.
Beschreiben Sie eine Familie. Die Lerner zeichnen währenddessen den entsprechenden Stammbaum mit den genannten Personen. Die Beschreibung *Tobias y María están casados y tienen dos hijos. La mayor se llama Rosa y el menor Justo* würde zu dem folgenden einfachen Stammbaum führen:

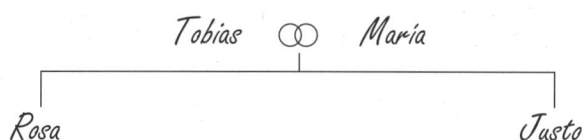

Bedenken Sie, daß es sich gewissermaßen um ein Diktat handelt, und stellen Sie sicher, daß die Lerner genügend Zeit zum Überlegen und Schreiben haben.
Zeichnen Sie anschließend den Stammbaum an die Tafel, damit die Lerner ihre Ergebnisse überprüfen können.

VARIANTE:

Nachdem diese Aktivität einmal durchgeführt wurde, können die Lerner versuchen, sich gegenseitig den Stammbaum ihrer eigenen Familie zu beschreiben.

Hinweis:
Für diese Aktivität können Sie einen Phantasie-Stammbaum verwenden. Motivierender ist jedoch der Stammbaum einer authentischen Familie, z.B. aus einer Fernsehserie oder dem spanische Königshaus.

Die spanische Königsfamilie

La familia real española.
La familia real española está formada no sólo por el Rey D. Juan Carlos , la reina Da. Sofía y sus tres hijos: las dos Infantas Elena y Cristina y el Príncipe de Asturias, D. Felipe de Borbón y Grecia, sino también por los hermanos y los padres del Rey. Así pues pertenecen también a la familia real D. Juan I de Borbón, Rey de España a título póstumo, y su esposa y madre del actual Rey de España, Da. María de las Mercedes al igual que sus hijos; la Infanta Da. Pilar, la Infanta Da. Margarita y el ya difunto Infante D. Alfonso.

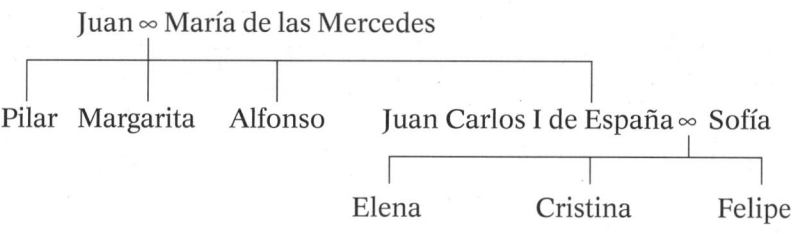

27 Der Traum-Unterrichtsraum

LERNZIEL:

Wortschatz: Einrichtungsgegenstände; Präpositionen

VERLAUF:

Laden Sie die Lerner ein, sich vorzustellen, daß der Unterrichtsraum völlig leer sei: keine Möbel, keine Menschen, nichts. Die Lerner sollen sich nun überlegen, wie sie den Raum nach ihren Vorstellungen gestalten würden. Lassen Sie sie dann das Ergebnis ihrer Wunschphantasie beschreiben, z.B. so:
En el suelo pondría una moqueta de color claro.
Encima de la ventana pondría plantas.
En la esquina derecha colocaría una mesita pequeña con un televisor.

28 Welche Wörter passen zusammen?

LERNZIEL:

Wortschatzarbeit

VERLAUF:

Wählen Sie ein Wortfeld, das Sie mit den Lernern wiederholen möchten. Bitten Sie sie, Ihnen Wörter zuzurufen, die ihnen dazu einfallen. Zwei Personen sind „Sekretär/in" und schreiben die genannten Wörter an die Tafel.
Wenn eine gewisse Anzahl von Wörtern zusammengekommen ist, bitten Sie die Lerner, sich möglichst viele Möglichkeiten zu überlegen, in welcher Weise sich diese Wörter gruppieren lassen.
Wenn Sie farbige Kreide haben (oder Farbstifte für das Flip-chart oder auch eine Folie), bitten Sie die „Sekretäre", die Wörter, die zu einer Gruppe gehören, einzurahmen.

Hinweis:
Anstatt die Wörter mit farbiger Kreide zu markieren, können Sie sie auch schnell mit Filzstift auf Zettel schreiben und anschließend an der Tafel befestigen. Die Streifen können dann von Gruppe zu Gruppe hin- und herbewegt werden.

VARIANTE:

Bitten Sie je zwei Lerner, ihre Wörter in Gruppen aufzuschreiben und zu berichten, welche Wortgruppen sie gefunden haben. Sie sollten zugleich angeben können, worin die Gemeinsamkeit der Wörter einer Gruppe besteht, z.B.: Alle diese Wörter bezeichnen Motorfahrzeuge.

29 Streichen Sie eins aus!

LERNZIEL:

Wortschatzwiederholung

VERLAUF:

Schreiben Sie sechs beliebige Wörter an die Tafel, z.B.:

silla	mesa	ventana
armario	escritorio	cuadro

Fragen Sie nun die Lerner, welches Wort nicht in die Reihe paßt und warum (z.B. *ventana, porque es el único objeto transparente*). Schlagen Sie nun den Lernern vor, ein weiteres Wort zu finden, das unter einem anderen Gesichtspunkt nicht in die Reihe paßt (z.B. *silla, porque es el único objeto que sirve para sentarse*).

VARIANTE:

Jedesmal, wenn Sie sich mit den Lernern auf ein Wort geeinigt haben, das nicht in die Reihe paßt, löschen Sie es, bis schließlich nur mehr zwei Wörter übrigbleiben. Daraufhin bitten Sie die Lerner, zehn Aspekte zu finden, unter denen diese beiden Wörter verschieden sind.

In der nachstehenden BOX finden Sie eine Auswahl von passenden Wortgruppen.

Streichen Sie eins aus!

1. carnicero, farmacéutica, cura, futbolista, fotógrafo, madre
2. gorra, golf, camiseta, maletín, traje, chandal
3. pastelería, bar, cine, banco, supermercado, frutería
4. vela, tenis, ski, natación, fútbol, patinaje
5. red, balón, raqueta, bicicleta, árbitro
6. cabra, caballo, vaca, oca, tigre, gorila
7. agradable, grande, veloz, bonito, viejo, válido
8. calle, semáforo, coche, autobús, tren, mercado
9. campo, autovía, bosque, montaña, río, casa
10. debajo, detrás, encima, en, delante, enfrente

30 Wörtertreppen

LERNZIEL:

Wortschatzwiederholung

VERLAUF:

Zeichnen Sie eine Reihe von Treppenstufen an die Tafel. Schreiben Sie *chaud* auf eine Stufe in der Mitte und fragen Sie die Lerner, was sie auf die anderen Stufen, die „wärmer" bzw. „weniger warm" sind, schreiben würden. Hier zwei Beispiele:

Niveau: Leicht Fortgeschrittene

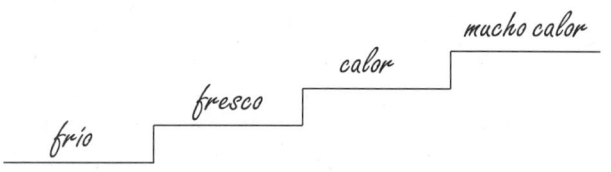

Niveau: Fortgeschrittene

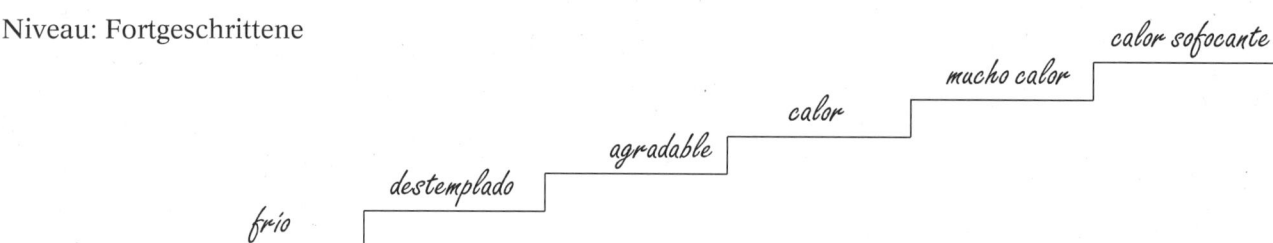

VARIANTE 1:

Wählen Sie Begriffe aus, die in irgendeiner Weise nach objektiven Kriterien gestuft werden können. Metalle kann man beispielsweise nach ihrem Wert einteilen:

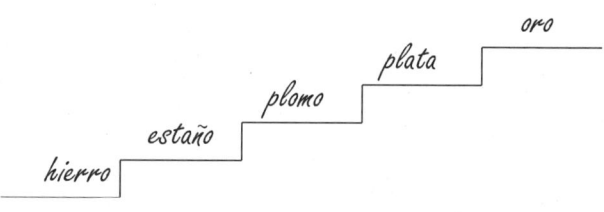

Weitere Beispiele können Sie der nachstehenden BOX entnehmen.

VARIANTE 2:

Verwenden Sie Begriffe, die nur nach subjektiven Kriterien gestuft werden können. Beispielsweise kann man Tiere nach ihrem Gefährlichkeitsgrad einteilen. Sind Sie mit dieser Rangfolge einverstanden?

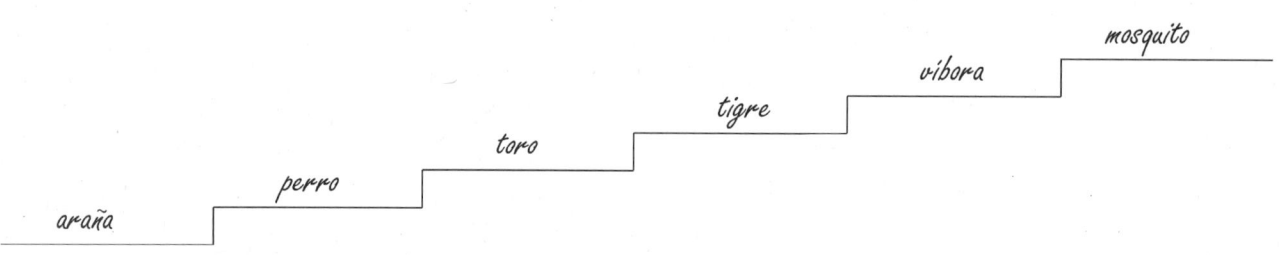

VARIANTE 3:

Fordern Sie die Lerner auf, mit jedem Wort einen Satz zu bilden, in dem zum Ausdruck gebracht wird, welche Stellung dieses Wort innerhalb der Rangfolge einnimmt. (z.B. *El perro es más grande que la araña, pero menos peligroso que el toro.*) Zu diesem Zweck ist es sinnvoll, die Wörter untereinander zu schreiben und die Sätze daneben anzuordnen.

Wörtertreppen

Niveau: Leicht Fortgeschrittene

Velocidad:	a pie, bicicleta, tranvía, autobús, tren, avión
Peso:	oro, madera, hierro, plomo
Precio:	un kilo de harina (80 pts.), una docena de huevos (190 pts.), un paquete de mantequilla (200 pts), un litro de leche (105 pts.)
Altura:	el Himalaya (Monte Everest 8848m), los Andes (Aconcagua en Argentina: 6959m), los Alpes (Mont-Blanc: 4807m), las Montañas Rocosas, (4400m), los Pirineos (3400m), los Apeninos (Gran Sasso: 2914m)
Distancia:	Roma – Nápoles (219 km.), Mónaco – Berlín (569 km), Madrid – Barcelona (630 km.), París – Lión (461 km.), Estocolmo – Oslo (535 km.)

Niveau: Fortgeschrittene

Cualidad:	pésimo, malo, razonable, bueno, excelente
Dimensión:	minúsculo, pequeñísimo, pequeño, grande, enorme, gigantesco, inmenso, infinito
Frecuencia:	nunca, casi nunca, a veces, raramente, alguna que otra vez, a veces sí a veces no, con frecuencia, frecuentemente, muchas veces, generalmente, siempre
Calorías:	1 limón (10), 1 naranja (40), 1 huevo (80), 1 plátano (85), 100 gr. de patatas asadas (90), 1 trozo de tarta (1000)
Fecha de invención:	la porcelana (1000 a. Cristo en China), la impresión (1439 por Gutenberg) la máquina de vapor (1769 por J. Watts), la fotografía (1826 por el francés F. Niepce) el teléfono (1876 por el norteamericano G. Bell) el motor de combustión (1883) la televisión (1935)

III. Vom Satz zum Text

31 Durcheinandergewürfelte Sätze

LERNZIEL:

Satzbau

VERLAUF:

Wählen Sie einen Satz aus dem Lehrbuch aus, und schreiben Sie die einzelnen Wörter in ungeordneter Reihenfolge an die Tafel:

> temprano   la   que   semana
> tengo   durante   acostarme

Die Lerner ermitteln den ursprünglichen Satz und schreiben ihn auf:
Durante la semana tengo que acostarme temprano.

Oder:
Tengo que acostarme temprano durante la semana.
Wenn Sie etwas mehr Zeit zur Verfügung haben, geben Sie mehrere solcher Sätze an, und bitten Sie die Lerner, in einer vorgegebenen Zeitspanne möglichst viele Sätze zu entschlüsseln.

VARIANTE:

Diktieren Sie die durcheinandergewürfelten Sätze, anstatt sie an die Tafel zu schreiben; die Kursteilnehmer schreiben mit und tragen ihre Lösung mündlich vor.

Hinweis:
Diese Aktivität eignet sich auch, um bestimmte grammatische Phänomene zu wiederholen. Wählen Sie in dem Fall Sätze aus einer Grammatikübung.

32 Sätze verändern

LERNZIEL:

Satzbau

VERLAUF:

Wählen Sie ein einfaches Satzmuster aus, das auf einer grammatischen Struktur basiert, die Sie vor kurzem eingeführt haben.
Wenn Sie z.B. das indirekte Objekt behandelt haben, nehmen Sie einen Satz wie:
Elena escribe una carta a su hermana.
Die Lerner suchen Variationsmöglichkeiten dieses Satzes, indem sie beispielsweise jeweils ein Element austauschen: *Elena escribe una carta a **su marido**.*
Oder sie ersetzen so viele Elemente, wie sie wollen, wobei die Struktur des ursprünglichen Satzes erhalten bleiben muß: *El piloto manda un mensaje al aeropuerto.*
Im Lehrbuch wird von den Lernern in der Regel erwartet, daß sie sinnvolle Sätze bilden, wie: *Las niñas casi siempre juegan con muñecas.*
Um eine kurze und unterhaltsame Aktivität daraus zu machen, fordern Sie die Lerner auf, möglichst unsinnige Kombinationen herzustellen, z.B.:
Los políticos siempre se sientan en chocolate.
Wenn die Übung ernsthafter sein soll, ersetzen die Lerner vorhandene Elemente durch eigene Begriffe und machen wahrheitsgemäße Aussagen über sich selbst:
Yo nunca como carne.

VARIANTE:

Einige Lehrbücher enthalten Tabellen, um die Lerner bei der korrekten Satzbildung zu steuern.

Las niñas	nunca	comen	carne.
Los perros	casi nunca	juegan con	sillas.
Los políticos	siempre	se sientan en	muñecas.
Muchas personas	casi siempre		chocolate.
	a veces		pelotas.
			el suelo.

33 Lebendige Sätze

LERNZIEL:

Satzbau

VORBEREITUNG:

Für diese Aktivität benötigen Sie dicke Filzstifte und Streifen aus Papier oder Pappe. Am einfachsten ist es, ein DIN A4-Blatt in vier Streifen zu zerschneiden. (Eine gute Quelle für farbige Pappe sind übrigens Druckereien, die diese Reste oft kostenlos abgeben.)
Wenn Sie Zeit haben, wählen Sie vor Unterrichtsbeginn einen Satz aus und schreiben Sie die einzelnen Wörter auf die Papierstreifen, pro Streifen ein Wort. Wenn Sie nicht genügend Zeit haben, bitten Sie die Kursteilnehmer zu Beginn der Stunde, Ihnen zu helfen. Wählen Sie jedenfalls einen Satz, der eine ausgewogene Anzahl von Wörtern und Wortarten enthält, so daß sich viele Kombinationsmöglichkeiten für neue Sätze daraus ergeben.
Die einfachste Art, eine ausreichende Vielfalt an Wörtern sicherzustellen, besteht darin, einen Satz aus dem Lehrbuch zu nehmen und dann weitere Wörter für die verschiedenen Satzteile hinzuzufügen.
Sie brauchen zwischen fünf und fünfzehn Wortkarten.

VERLAUF:

Bitten Sie die Lerner, nacheinander nach vorne zu kommen, sich mit dem Gesicht zur Gruppe aufzustellen und ihre Wortkarte hochzuhalten. Die neu hinzukommenden Lerner sollen sich so zwischen den bereits vorne stehenden plazieren, daß die Wörter einen Satz bilden. Wenn das Entstehen eines Satzes zu erkennen ist, kann es erforderlich sein, daß einzelne Personen ihre Position innerhalb des Satzes noch einmal verändern müssen.

Hinweis:
Diese Aktivität erlaubt eine intensive Auseinandersetzung mit Problemen des Satzbaus in einer Form, die den meisten Kursteilnehmern zusagt. Wenn Sie wollen, können Sie auch ein paar leere Karten als „Joker" ausgeben, für den ein beliebiges Wort eingesetzt werden kann.

VARIANTE 1:

Schreiben Sie ein Wort auf eine Karte, das das erste Wort eines Satzes sein könnte. Bitten Sie eine/n Kursteilnehmer/in, ein Wort, das sich daran anschließen könnte, zu nennen, auf eine Karte zu schreiben und sich mit der Karte in der Reihe aufzustellen. Fahren Sie in gleicher Weise fort, bis ein Satz entstanden ist.
Auch bereits vollständige Sätze lassen sich auf diese Weise verlängern, indem die Teilnehmer beispielsweise Adjektive oder Adverbien hinzufügen. Ziel der Übung ist es, daß am Ende möglichst viele Lerner vorne stehen und einen Teil des Satzes bilden.

VARIANTE 2:

Eine andere Möglichkeit besteht darin, Wörter durch andere zu ersetzen, z.B. Substantive durch Pronomen. Derjenige, der das Substantiv in der Hand hält, muß sich hinsetzen, wenn sein Wort durch ein Pronomen ersetzt wird.

34 Sätze verkürzen

LERNZIEL:

Satzbau, Reduktion von Sätzen

VERLAUF:

Wählen Sie einen Satz oder Text mit 15 bis 30 Wörtern aus – gegebenenfalls aus dem Lehrbuch – und schreiben Sie ihn an die Tafel. Nun bitten Sie die Lerner, diesen Satz bzw. Text schrittweise zu verkürzen, wobei jeweils 1-3 aufeinanderfolgende Wörter gestrichen werden. Dabei muß der Satz/Text in jeder Phase grammatikalisch richtig sein, wenn sich auch der Sinn verändern kann. Hier ein Beispiel:

> Una tarde de mayo estaba en la plaza del pueblo cerca del museo, cuando llegó Pablo con una chica.
>
> Una tarde estaba en la plaza del pueblo cerca del museo, cuando llegó Pablo con una chica.
>
> Estaba en la plaza del pueblo cerca del museo, cuando llegó Pablo con una chica.
>
> Estaba en la plaza del pueblo, cuando llegó Pablo con una chica.
>
> Estaba en la plaza, cuando llegó Pablo con una chica.
>
> Estaba en la plaza con una chica.
>
> Estaba con una chica.
>
> ¿Una chica?
>
> ¡Chica!

VARIANTE:

Zum Schluß versuchen die Lerner, den ursprünglichen Text/Satz zu rekonstruieren.

35 Texte erweitern

LERNZIEL:

Satzbau, Texterweiterung

VERLAUF:

Schreiben Sie eine bestimmte Verbform an die Tafel. Die Lerner fügen nach und nach jeweils 1-3 Wörter am Ende des Satzes hinzu, wobei die so entstehenden neuen Sätze in jeder Phase grammatikalisch richtig sein müssen. Die Interpunktion kann nach Belieben geändert werden. Hier ein Beispiel:

> ¡Trabaje!
>
> ¡Trabaje más!
>
> ¡Trabaje más — dice el profesor.
>
> ¡Trabaje más — dice el profesor enfadado.
>
> ¡Trabaje más — dice el profesor enfadado a su alumno.
>
> ¡Trabaje más — dice el profesor enfadado a su alumno que está hablando.

VARIANTE:

Es kann vereinbart werden, daß die Wörter auch am Anfang und innerhalb des vorhandenen Satzes hinzugefügt werden dürfen. Das sähe dann bei dem obigen Beispiel möglicherweise so aus:

> ¡Trabaje!
>
> Dice que trabaje.
>
> El profesor dice que trabaje.
>
> Escuche, el profesor dice que trabaje.
>
> Alberto, escuche, el profesor dice que trabaje.
>
> Alberto, escuche hombre, el profesor dice que trabaje.

36 Überschriften erweitern

LERNZIEL:

Satzbau

VERLAUF:

Entnehmen Sie einer spanischen Zeitung eine Überschrift, und schreiben Sie sie an die Tafel, oder diktieren Sie sie den Lernern, z.B.:
Los Reyes en el Japón.
Die Lerner bilden daraus einen kompletten Satz, z. B.:
Los Reyes de España visitan oficialmente el Japón.
In der nachstehenden BOX finden Sie weitere Originalüberschriften aus Zeitungen und Zeitschriften, die Sie für diese Übung verwenden können.

VARIANTE:

Sie können den Lernern auch die Aufgabe stellen, die Originalüberschrift durch weitere Informationen anzureichern. Dies könnte beim obigen Beispiel so aussehen: *(Los Reyes y el Ministro de Educación en el Japón)* und so in einen kompletten Satz übertragen werden: *Don Juan Carlos y doña Sofía acompañados por el Ministro de Educación visitan oficialmente el Japón para intensificar las relaciones culturales entre los dos países.* Wem gelingt es, den längsten und inhaltsreichsten Satz zu bilden?

Headlines

Los Reyes en el Japón.
Negociación de los sindicatos con el gobierno.
Premio de la Crítica para Julián Marías con „Corazón tan blanco".
Exposición antológica de Antonio López en el Reina Sofía.
Cinco bombas en Londres.
La economía alemana en recuperación.
El sol: ¿un mal necesario?
La dieta de su vida.

37 Wörter löschen und ersetzen

LERNZIEL:

Satzbau; Transformation eines Satzes

VERLAUF:

Schreiben Sie einen Satz von etwa 10 Wörtern an die Tafel oder auf eine Folie; Sie können einen Satz aus dem Lehrbuch verwenden.

A las dos Alfredo volvió a casa.

Bitten Sie nun die Lerner, Elemente dieses Satzes auszutauschen: ein, zwei oder drei Wörter dürfen ausgewischt und durch andere (nicht unbedingt in der gleichen Anzahl oder hintereinander) ersetzt werden.

A las dos de la noche Alfredo volvió a casa.

Antes de las dos de la noche Alfredo nunca volvió a casa.

Después de las dos de la tarde Alfredo volvió a trabajar.

Und so weiter.
Anders als in Übung 32 auf Seite 36 muß die grammatische Struktur des ursprünglichen Satzes nicht beibehalten werden, es geht nur darum, daß der Satz in sich sprachlich korrekt bleibt.

38 Satzanfänge

LERNZIEL:

Hörverstehen, Sprechen, kreatives Schreiben

VERLAUF:

Diktieren Sie den Beginn eines Satzes. Die Lerner schreiben den Satzanfang auf, und jede/r führt ihn für sich zu Ende. Wenn genügend Zeit vorhanden ist und Interesse besteht, können die Lerner anschließend zu zweit oder in Kleingruppen ihre Sätze miteinander vergleichen und besprechen.

Satzanfänge

Siempre me siento bien cuando...
El mejor momento del día es...
Si vives en este país, nunca tienes que...
Mañana a mediodía seguramente...
Los profesores tendrían que hacer grandes esfuerzos para...
Una de las cosas que querría saber es...
Si fuera millonario sería capaz de...
La mayoría de la gente que conozco parece...
Hace mucho tiempo que...
Quiero estudiar español porque...

39 Gedichtanfänge

LERNZIEL:

Kreatives Schreiben, Sprechen, Hörverstehen

VERLAUF:

Schreiben Sie an die Tafel:

Ser joven es...

Bitten Sie die Lerner, mögliche Formulierungen zu nennen, mit denen ihrer Meinung nach dieser Satzanfang fortgesetzt werden kann.
Wenn genügend Zeit zur Verfügung steht, fordern Sie die Lerner auf, in Zweiergruppen zu arbeiten und vier Zeilen nach dem angegebenen Muster zu vervollständigen, danach aber eine fünfte hinzuzufügen, die davon abweicht. So erhält die Satzfolge beinahe den Charakter eines Gedichts. Z.B.:

Ser joven es estar con amigos.
Ser joven es perder amigos.
Ser joven es hablar de exámenes.
Ser joven es preguntar
si hay un futuro.

Gedichtanfänge

Ser viejo es...	Sin ti...	Si pudiera...
Aburrimiento es...	Recuerdo...	Cuando tenga 64 años...
Amor es...	No me acuerdo de...	
Un amigo es...	Quisiera...	

40 Fünf-Minuten-Texte

LERNZIEL:

Schreiben

VERLAUF:

Geben Sie den Lernern genau fünf Minuten Zeit, um über etwas zu schreiben. Wählen Sie ein Thema, von dem Sie glauben, daß es die Lerner anspricht, und ermuntern Sie sie, eher persönliche als allgemeine Aussagen zu machen (siehe BOX). Kündigen Sie an, daß Sie in diesen Texten, die Sie einsammeln werden, keine sprachlichen Fehler korrigieren, sondern Ihr Augenmerk ganz auf die beschriebenen Gedanken und Erfahrungen richten werden. (Sie können ja Fehler von allgemeinem Interesse notieren und bei späterer Gelegenheit zum Übungsgegenstand machen.)

Kommentieren Sie die Lernertexte in der nächsten Stunde und wählen Sie einige aus, die Sie laut vorlesen, nachdem Sie etwaige sprachliche Fehler stillschweigend richtiggestellt haben.

VARIANTE:

Die Lerner lesen nach Ablauf der fünf Minuten reihum vor, was sie geschrieben haben.

Themen für Fünf-Minuten-Texte

Lo mejor de la clase de hoy.
Lo peor de la clase de hoy.
Lo mejor que le ha pasado hoy.
Un momento de celos.
Una acción generosa.
¿Qué significa amistad?
Una calle.
Una puerta.
Un dilema.
Un recuerdo de la infancia.
Un recuerdo del colegio.
¿Qué tengo en mi cabeza en este momento?
Un lugar que conozco.
Una persona que conozco.
Algo que (no) me gusta hacer.
Mi programa de televisión favorito.
Lo que más me gusta de lo que tengo.
Un encuentro inesperado.

41 Du schreibst als nächste/r

LERNZIEL:

Kurze Sätze schreiben

VERLAUF:

Bitten Sie die Lerner, ein Blatt Papier zu nehmen und oben auf die Seite einen Satz zu schreiben. Es kann sich um eine einfache Feststellung, eine Meinungsäußerung oder eine Frage handeln. Zum Beispiel:

¿Qué vas a hacer después de la clase? Oder
Hoy hace mucho frío. Oder
Detesto a la gente que fuma delante de niños.

Anschließend geben die Lerner das Blatt an ihren Nachbarn bzw. ihre Nachbarin weiter, der/die nun eine Antwort, einen Kommentar oder eine weitere Frage darunterschreibt und das Blatt wiederum weitergibt usw. Das Papier wird nicht gefaltet, so daß alle vorausgehenden Beiträge für jeden, der etwas hinzufügt, lesbar sind.

Bitten Sie die Lerner nach etwa fünf Runden, die Sätze vorzulesen; das Ergebnis ist oft sehr amüsant.

Hinweis:
Natürlich kann diese Aktivität statt in Einzel- auch in Partnerarbeit durchgeführt werden.

VARIANTE:

Ein Lerner schreibt einen Satz auf ein Blatt Papier; der nächste versucht, diesen Satz in eine Zeichnung umzusetzen. Danach wird das Blatt so gefaltet, daß nicht mehr der Satz, sondern nur noch die Zeichnung zu sehen ist. Diese muß vom nachfolgenden Lerner wiederum in einen Satz umgeformt werden usw.

42 Kettengeschichte

LERNZIEL:

Erzählen; Vergangenheitszeiten

VERLAUF:

Erzählen Sie den Anfang einer Geschichte, es kann eine frei erfundene sein. Sie können aber auch die ersten Zeilen aus einem Lehrbuchtext nehmen, oder Sie bitten einen der Lerner, mit dem Erzählen einer Geschichte zu beginnen. Dann fügt jeder aus der Gruppe reihum eine kleine Fortsetzung hinzu.

VARIANTE:

Vor Beginn fordern Sie jeden Lerner auf, ein Wort zu wählen. Es kann eine vor kurzem gelernte Vokabel sein, ein Verb in einer Vergangenheitsform oder ein beliebiges Wort. Bei der Fortsetzung der Geschichte muß jeder das gewählte Wort unterbringen.

Hinweis:
In Anfängerkursen kann man die Geschichte auch im Präsens erzählen.

IV. Grammatik in Aktion

43 Korrigieren Sie die Fehler

LERNZIEL:

Fehler erkennen und korrigieren

VERLAUF:

Schreiben Sie einige fehlerhafte Sätze an die Tafel. Wenn Sie wollen, sagen Sie den Lernern, wie viele Fehler in den einzelnen Sätzen enthalten sind. Zusammen mit den Lernern korrigieren Sie die Fehler an der Tafel.

In der nachstehenden Box finden Sie – nach Schwierigkeitsgrad gestuft – einige fehlerhafte Sätze mit der entsprechenden Korrektur. Sie können aber auch Beispiele aus den Arbeiten der Lerner (Hausaufgaben etc.) wählen, wobei Sie natürlich nicht erwähnen, von wem die Fehler stammen.

Hinweis:
Es empfiehlt sich, von Anfang an klarzustellen, daß die präsentierten Sätze Fehler enthalten, und es ist wichtig, die Korrekturen an der Tafel deutlich sichtbar zu machen, so daß den Lernern am Schluß der Übung jeweils der richtige Satz vor Augen steht.

Fehlerkorrektur

Niveau 1:
1. Quiero mañana ir a la playa.– Mañana quiero ir a la playa.
2. ¿Conoces mi hermana Carmen? – ¿Conoces a mi hermana Carmen?
3. Espero a ti delante de la catedral. – Te espero delante de la catedral.
4. Este verano vamos en Francia. – Este verano vamos a Francia.

Niveau 2:
1. Ayer comía con Susana. – Ayer comí con Susana.
2. Lo conozco desde tres años. – Lo conozco desde hace tres años.
3. He vivido por cuatro años en Londres. – He vivido cuatro años en Londres.
4. Este invierno no hace muy frío. – Este invierno no hace mucho frío.

Niveau 3:
1. Me alegro que vienes con nosotros. – Me alegro de que vengas con nosotros.
2. Si estaría de vacaciones, iría. – Si estuviera de vacaciones, iría.
3. Fue fantástico que conocimos al representante. – Fue fantástico que conociéramos al representante.
4. ¡Camarero, esta sopa es fría! – ¡Camarero, esta sopa está fría!

44 Hören Sie die Fehler?

LERNZIEL:

Fehler erkennen und korrigieren

VERLAUF:

Erzählen Sie den Lernern eine ihnen bereits bekannte Geschichte, oder lesen Sie ihnen einen Text aus dem Lehrbuch vor, den sie gut kennen. Dabei streuen Sie bewußt eindeutige Fehler ein. Die Lerner heben die Hand, sobald sie einen Fehler bemerken, und schlagen eine Korrektur vor; oder sie notieren alle Fehler, um sie nachträglich zu besprechen, sobald Sie mit dem Lesen zu Ende sind.

45 Kettenübung

LERNZIEL:

Wortschatz; gezielte Grammatikwiederholung, z.B. indirektes Objekt/Pronomen

VERLAUF:

Beginnen Sie, indem Sie den Lernern sagen, was Sie mögen, z.B.:
Me gusta la música clásica.
Bitten Sie dann eine/n Teilnehmer/in, z.B. Maria, zu wiederholen, was Sie mögen, und hinzuzufügen, was sie selbst gerne mag, z.B.:
A la profesora le gusta la música clásica, a mí me gusta el rock.
Der nächste Lerner fügt vielleicht hinzu:
A la profesora le gusta la música clásica, a María le gusta el rock y a mí...
Natürlich wird es immer schwieriger, alles zu behalten, aber die Gruppe darf mithelfen, die Vorlieben der einzelnen zu rekonstruieren.

VARIANTE:

Anstelle von *Me gusta/ A mí me gusta* können auch *No me gusta/a mí no me gusta* oder andere Strukturen verwendet werden wie:
Quiero comprarme ...
Ayer...
Cuando seamos millonarios...
Si pudiera ofrecerte algo te...
entsprechend der Struktur, die geübt werden soll.

Hinweis:
Anstatt die Kettenübung in der Reihenfolge der Sitzordnung durchzuführen, können Sie auch einen Ball einsetzen, den die Kursteilnehmer demjenigen zuwerfen, der als nächster die Kette fortsetzt. So ist der Überraschungseffekt, wann man an die Reihe kommt, größer, und der letzte in der Sitzordnung braucht nicht zu befürchten, den längsten Satz bilden zu müssen.

46 Zahlendiktat

LERNZIEL:

Hörverstehen – Zahlen

VERLAUF:

Diktieren Sie eine Reihe von spanischen Zahlen, die sowohl Sie als auch die Lerner in Ziffern aufschreiben. Geben Sie Gelegenheit zur Überprüfung, indem Sie danach die Zahlen in Ziffern an die Tafel schreiben oder indem Sie die Lerner bitten, ihre Zahlen in Worten mündlich vorzutragen.

VARIANTE:

Fragen Sie die Lerner nach der Summe sämtlicher notierter Zahlen. Stimmt die Endzahl bei allen überein?

47 Zahlendiktat

LERNZIEL:

Grundzahlen – Hörverstehen und Diktat

VERLAUF:

Lerner/in 1 diktiert eine zweistellige Zahl; alle schreiben mit. Lerner/in 2 diktiert eine zweite Zahl, die ebenfalls alle mitschreiben und mit der ersten addieren. Jedesmal wenn eine neue Zahl diktiert wird, wird sie niedergeschrieben und dazugezählt. Kommen am Ende alle auf dieselbe Summe? Wenn Taschenrechner vorhanden sind, können sie verwendet werden.

VARIANTE:

Natürlich können auch sehr hohe Zahlen, Dezimalzahlen oder Brüche verwendet werden, wenn die Übung anspruchsvoller ausgerichtet sein soll.

48 Adverbien darstellen

LERNZIEL:

Adverbien der Art und Weise; Imperativ

VERLAUF:

Schicken Sie eine/n Lerner/in vor die Tür, während sich aus der übrigen Gruppe jede/r ein Adverb der Art und Weise (z.B. *rápidamente, furiosamente*) überlegt.
Der/die Lerner/in kommt in die Gruppe zurück und gibt Befehle an einzelne Kursteilnehmer, z.B. *¡Levántate!, ¡Escribe tu nombre en la pizarra!, ¡Abre la puerta!...*
Die angesprochene Person muß den Befehl in der Art und Weise ausführen, die ihrem zuvor gewählten Adverb entspricht, also beispielsweise schnell aufstehen oder ihren Namen wütend an die Tafel schreiben. Wer die Anweisungen gibt, ist aufgefordert, anhand der Art und Weise, wie sie ausgeführt werden, zu erraten, welches Adverb gemeint ist.
Weitere Beispiele finden Sie in der BOX.

Adverbien

Anfänger: rápidamente, lentamente, furiosamente, tranquilamente, ruidosamente, cuidadosamente, desesperadamente, agresivamente, impacientemente, amablemente

Fortgeschrittene: orgullosamente, secretamente, enérgicamente, silenciosamente, coléricamente,

49 Was verrät die Mimik?

LERNZIEL:

Estar + Gerundium

VORBEREITUNG:

Kopieren Sie die Anweisungen von Seite 47 und schneiden Sie sie in Streifen. Oder schreiben Sie jeweils einen Satz handschriftlich auf ein Kärtchen bzw. einen kleinen Zettel.

VERLAUF:

Geben Sie einem Lerner einen Streifen und bitten Sie ihn, seinen Inhalt mimisch darzustellen, während die anderen raten, worum es sich handelt. Dabei werden Ja/Nein-Fragen gestellt wie zum Beispiel:
Tiene/Tienes algo en la mano?
Está/Estás leyendo?
Es ist darauf zu achten, daß genügend Fragen gestellt werden und daß nicht zu viel Zeit mit dem wortlosen Mimen verstreicht.

1	Estás dictando un texto a la clase.
2	Estás viendo una película en la televisión.
3	Estás leyendo un libro muy triste.
4	Estás esperando para cruzar una calle muy transitada.
5	Estás recitando un fragmento de una obra de teatro de Calderón.
6	Estás en una ventanilla informando a la gente.
7	Estás esperando a alguien que evidentemente se retrasa.
8	Estás en la sala de espera del dentista.
9	Estás tomando una sopa que quema.
10	Estás cambiándole los pañales a un bebé.
11	Estás cazando una mosca.
12	Estás preparando una taza de café.

© Ernst Klett Verlag für Wissen und Bildung GmbH, Stuttgart 1994. Alle Rechte vorbehalten. (Vervielfältigungen zum Unterrichtsgebrauch gestattet.)

50 Wer liegt an der Spitze?

LERNZIEL:

Superlativ, Vergleich

VERLAUF:

Wählen Sie sechs Begriffe aus einem bestimmten Sachfeld aus (z.B. Tiere, Kleidungsstücke, Körperteile, Möbelstücke, Haushaltsgeräte, Lebensmittel, berühmte Persönlichkeiten etc.), oder bitten Sie die Lerner, solche zu nennen. Schreiben Sie sie an die Tafel.
Die Lerner sollen nun feststellen, welcher Begriff unter einem bestimmten Aspekt „an der Spitze liegt". Angenommen, es handelt sich um Tiere und die gewählten Begriffe:

> caballo   elefante   víbora
> mariposa   golondrina   perro

könnte beispielsweise gesagt werden:
El elefante es el animal más grande.
De estos animales el que más me gusta es la mariposa.
La golondrina es la más veloz de todos.
El perro es el más obediente.
Etc.

51 Vergleichen Sie Gegenstände und Personen

LERNZIEL:

Vergleiche anstellen; Antonyme

VERLAUF:

Geben Sie der Gruppe zwei verschiedene Begriffe, z.B. *un elefante* und *una pluma* oder *un político* und *una flor* oder *un animal* und *una persona*. (Verwenden Sie dabei Wörter, die dem Lernwortschatz der letzten Unterrichtseinheit entnommen sind.) Es ist nun Aufgabe der Lerner, Vergleiche anzustellen. Geben Sie einige Sätze an, die zeigen, in welcher Weise dies erfolgen kann, beispielsweise durch Verwendung des Komparativs:
Una pluma es más ligera que un elefante.
Oder durch Gegenüberstellung von Eigenschaften:
Los políticos hablan mucho, las flores son mudas.
Oder durch Aufzeigen von Ähnlichkeiten:
Los animales sufren igual que las personas.

VARIANTE:

Sie können eine Reihe verschiedener Wortgruppen angeben (z.B. Bezeichnungen für Lebensmittel, Tiere, Haushaltsgegenstände oder Namen berühmter Persönlichkeiten). Jede/r Lerner/in kann auswählen, welche zwei er/sie vergleichen möchte.

ERWEITERUNG:

Wenn Sie etwas mehr Zeit zur Verfügung haben, lassen Sie diese Wortgruppen von den Lernern (per Zuruf) erstellen und schreiben die vorgeschlagenen Wörter – beliebig angeordnet – an die Tafel. Jeder Lerner vergleicht nun zwei dieser Begriffe. Sie verbinden diese Wörter jeweils durch einen Pfeil miteinander. Wenn jede/r mindestens einen Satz gebildet hat, überprüfen Sie abschließend, ob sich die Gruppe noch an die Vergleiche erinnert, die mit den Wortpaaren gebildet wurden.

52 Bildliche Redensarten

LERNZIEL:

Vergleiche, idiomatische Ausdrücke

VERLAUF:

Bitten Sie die Lerner, feststehende Ausdrücke der deutschen Sprache zu sammeln, mit denen ein Vergleich gezogen wird, z.B. „eitel wie ein Pfau", und notieren Sie die Ausdrücke untereinander an der linken Tafelseite. Schreiben Sie in einem zweiten Schritt nach und nach die entsprechenden spanischen Wendungen auf die rechte Seite der Tafel, wobei Sie das entsprechende spanische Adjektiv bzw. Verb auslassen.

Es ist nun Aufgabe der Lerner, das fehlende Wort zu ergänzen und den spanische Ausdruck dem deutschen zuzuordnen. Wird die richtige Lösung nicht auf Anhieb gefunden, fahren Sie fort, bis Sie die ganze Liste besprochen haben. Die fehlenden Wörter und Zuordnungen lassen sich leichter finden, wenn nur mehr wenige Kombinationsmöglichkeiten offen stehen.

Hinweise:
Um den Lernern ihre Aufgabe zu erleichtern, können Sie die zu ergänzenden Adjektive bzw. Verben in ungeordneter Reihenfolge vorgeben. Wenn Sie nicht von den bildlichen Ausdrücken ausgehen wollen, die Ihnen die Lerner vorschlagen, verwenden Sie die Kopiervorlage auf S. 50.

Bildliche Redensarten

Engreído como un pavo.
Ligero como una pluma.
Blanco como la nieve.
Frío como el hielo.
Rápido como el rayo.
Lento como una tortuga.
Ser más tonto que la o con un canuto.
Más viejo que Matusalén.
Libre como un pájaro.
Inocente como un cordero.
Más fresco que una lechuga.
Astuto como un zorro.
Fiel como un perro.
Terco como una mula.

Duro como la piedra.
Ser más vago que la chaqueta de un guardia.
Fumar como un carretero.
Mentir más que la Gaceta.
Tener más paciencia que el Santo Job.
Llorar como una Magdalena.
Estar más contento que unas castañuelas.
Estar como un flan.
Ser más falso que Judas.
Pesado como el plomo.

Bildliche Redensarten

Eitel wie ein Pfau.		_Rápido_ como el rayo.
Hart wie Stein.		_____ como la nieve.
Leicht wie eine Feder		_____ como el hielo.
Weiß wie Schnee.		_____ como una tortuga.
Kalt wie Eis.		_____ como un pavo.
Schnell wie der Blitz.		_____ como la piedra.
Langsam wie eine Schnecke.		_____ como un carretero.
Dumm wie Bohnenstroh.		_____ como el plomo.
Alt wie Methusalem.		_____ como una Magdalena.
Frei wie ein Vogel.	Ser más	_____ que la chaqueta de un guardia.
Unschuldig wie ein Lamm.		_____ que la Gaceta.
Frech wie Dreck.	Ser más	_____ que Judas.
Schlau wie ein Fuchs.	Tener más	_____ que el Santo Job.
Treu wie ein Hund.		_____ como un cordero.
Störrisch wie ein Esel.		_____ como una pluma.
Schwer wie Blei.	Más	_____ que Matusalén.
Falsch wie eine Schlange.		_____ como un zorro.
Faul wie die Sünde.		_____ como una mula.
Rauchen wie ein Schlot.	Ser más	_____ que la o con un canuto.
Lügen wie gedruckt.	Más	_____ que la lechuga.
Geduldig wie ein Lamm.		_____ como un perro.
Heulen wie ein Schloßhund.		_____ como un pájaro.
Sich freuen wie ein Schneekönig.	Estar más	_____ que unas castañuelas.

53 Detektivspiel

LERNZIEL:

Fragen stellen, *pretérito perfecto* und Relativsätze.

VERLAUF:

Ein/e Lerner/in spielt den Detektiv und verläßt den Raum. Ein Teilnehmer oder eine Teilnehmerin spielt den Dieb oder die Diebin. Sie geben ihm/ihr eine Geldmünze, die er/sie an sich nimmt. Der Detektiv kommt zurück und fragt alle der Reihe nach, ob sie die Münze weggenommen haben:
Ha/Has robado la moneda?
Alle – ob schuldig oder unschuldig – leugnen, das Geldstück gestohlen zu haben. Jemand sagt:
No, no he sido yo el que la ha cogido, ha sido Verena la que la ha robado.
Der Detektiv wendet sich also an Verena. Diese beteuert:
No, no he sido yo el que la ha cogido, ha sido la señora Maier la que la ha robado.
Nun wendet sich der Detektiv also an Frau Maier usw. Da er kein Geständnis erzielen kann, versucht er, aufgrund des Verhaltens der Teilnehmer die schuldige Person zu ermitteln. Um leichter ans Ziel zu kommen, darf er drei Fragen stellen, die ihn der Lösung seines Problems näher bringen.

VARIANTE:

Es kann auch davon ausgegangen werden, daß der „Verbrecher" andere Straftaten begangen hat, z.B.: *Ha roto el cristal de una ventana./Ha robado un libro./Se ha comido el bocadillo de otro.* Etc.

54 Was kann man damit tun?

LERNZIEL:

Einfache Sätze im Konditional; Objektpronomen

VERLAUF:

Bitten Sie ein oder zwei Lerner, nach vorn zu kommen und sich mit dem Rücken zur Tafel hinzustellen; sie sind die Ratenden.
Schreiben Sie dann die Bezeichnung für einen Gebrauchsgegenstand an die Tafel, z.B. *un bolígrafo, una taza, una caja de cerillas...* Die übrigen Kursteilnehmer helfen den Ratenden, herauszufinden, um welchen Gegenstand es sich handelt, indem sie angeben, was man damit alles machen kann oder könnte.
Ermuntern Sie die Lerner, nach phantasievollen Verwendungsmöglichkeiten zu suchen und nicht unbedingt die offensichtlichsten zu nennen – zumindest nicht sofort –, mit denen sie die Antwort verraten würden. Zum Beispiel könnten sie, wenn der Gegenstand ein Kugelschreiber wäre, folgendes sagen:
Se puede recoger.
Se le puede lanzar a alguien.
Sirve para señalar a alguien.
También sirve para rascarse la cabeza.
Etc.

55 Anweisungen befolgen

LERNZIEL:

Hörverstehen; Imperativ

VERLAUF:

Erteilen Sie den Lernern eine Reihe von Anweisungen, die diese ausführen, z.B.:

¡Levantaos!
¡Abrid el libro!
¡Poned la mano derecha en la pierna izquierda!
¡Sentaos!
¡Empezad a cantar!
¡Silencio!
¡Mirad al compañero de la derecha!
¡Cerrad el ojo izquierdo!
Etc.

Sagen Sie den Lernern, daß nun nur noch diejenigen Handlungsanweisungen auszuführen sind, die mit dem Satz *Olga dice...* eingeleitet werden. Wer fälschlich einen anderen Befehl befolgt, verliert „sein Leben" und scheidet aus dem Spiel aus. Wie viele Lerner sind nach 3 bis 4 Minuten noch „am Leben"?

VARIANTE:

Geben Sie Anweisungen und führen Sie dabei jeweils eine Handlung aus, die manchmal dieser Anweisung entspricht und manchmal nicht. (Sie sagen z.B. ¡Levantaos! und setzen sich dabei hin.) Es ist nun Aufgabe der Lerner, Ihre mündlichen Handlungsanweisungen zu befolgen und sich nicht nach dem zu richten, was Sie tatsächlich tun.

56 Körperhaltungen

LERNZIEL:

Imperativ; Wortschatz: Körperteile

VORBEREITUNG:

Fertigen Sie eine Reihe von Kopien der Strichmännchen auf S. 53 an, kleben Sie sie möglichst auf einen dünnen Karton oder ein festes Papier, und schneiden Sie die Kärtchen aus.
Stellen Sie sicher, daß im Unterrichtsraum genügend Platz vorhanden ist, damit eine kleine „Bühne" für eine „Einmannshow" eingerichtet werden kann.

VERLAUF:

Überprüfen Sie nochmals kurz, ob die Lerner die spanischen Bezeichnungen für die Körperteile kennen.
Bitten Sie eine/n Kursteilnehmer/in, sich als „model" zur Verfügung zu stellen und nach vorne oder – wenn die Stühle kreisförmig angeordnet sind – in die Mitte zu kommen. Verteilen Sie mehrere Exemplare eines bestimmten Kärtchens an die übrigen Lerner und bitten Sie sie, dem „model" entsprechende Anweisungen zu geben, damit es die Körperhaltung des Strichmännchens einnimmt.

ERWEITERUNG:

Wenn Interesse daran besteht, wenn im Raum ausreichend Platz vorhanden ist und wenn genügend Zeit zur Verfügung steht, kann diese Übung mit anderen Kärtchen in Kleingruppen fortgeführt werden.

VARIANTE:

Anstelle der Strichmännchen können Sie auch Bilder von richtigen „models" aus Modezeitschriften ausschneiden. Die Körperhaltungen sind allerdings meist etwas schwieriger zu beschreiben, aber dafür macht das Ganze mehr Spaß!

1
2
3
4
5
6
7
8
9

57 Unter welchen Umständen würden Sie ...?

LERNZIEL:

Konditional, *Imperfecto de subjuntivo*

VERLAUF:

Nennen Sie eine ungewöhnliche Handlung und bitten Sie die Lerner, sich vorzustellen, unter welchen Umständen sie diese realisieren würden. Wenn Sie wollen, können Sie die Lerner auffordern, in vollständigen Bedingungssätzen zu antworten. Das könnte dann so aussehen:

¿En qué caso te pondrías al revés, con la cabeza abajo y los pies en el aire?

Mögliche Antworten:

Si trabajara en un circo me pondría con la cabeza abajo y los pies en el aire.
Si quisiera ver algo al revés...

Weitere Beispiele finden Sie in der BOX.

Unter welchen Umständen würden Sie ...?

1. ... irse a vivir en otro país?
2. ... quedarse sin hablar durante un día entero?
3. ... comer una hoja de papel?
4. ... teñirse el pelo de verde?
5. ... vivir en un árbol?
6. ... montar en un elefante?
7. ... dormir un día entero?
8. ... saltar por la ventana?
9. ... ir a ver al Presidente de la República?
10. ... negarse a venir a clase?

58 Wenn ich nicht hier wäre ...

LERNZIEL:

Bedingungssatz

VERLAUF:

Bieten Sie den Lernern folgende Fragestellung an:
¿Si no estuviera aquí, dónde estaría?
Die Lerner notieren ihre Antworten, um sie dann in Kleingruppen zu besprechen.

Variieren Sie daraufhin die Frage wie folgt:
¿Si no estuviera aquí, dónde querría estar?

Sie können aber auch andere Varianten anbieten, wie zum Beispiel:
¿Si no fueras tú, quién te gustaría ser? Oder: *¿Si no vivieras en esta época, en cuál te gustaría vivir/haber vivido?*

59 Was haben sie gesagt?

LERNZIEL:

Indirekte Rede/Frage (Vergangenheit)
Imperfecto de subjuntivo

Hinweis:
Diese Übung wird am sinnvollsten zum Abschluß einer Unterrichtsstunde oder am Ende eines Lernabschnitts eingesetzt.

VERLAUF:

Fordern Sie die Lerner auf, sich an 10 bis 20 Sätze zu erinnern, die Sie oder die Lerner in dieser Unterrichtseinheit gesagt haben. Dabei ist die indirekte Rede zu verwenden. Wenn genügend Zeit vorhanden ist, schreiben Sie die Sätze an die Tafel. Hier einige Beispiele:
Jürgen ha preguntado si podía abrir la ventana.
Dieter ha contado que su hermano está de vacaciones en Venecia.
Thorsten ha preguntado si hacíamos más ejercicios.
Beate ha dicho que no ha podido hacer los ejercicios esta semana.

Natürlich können auch Sätze wie folgende gebildet werden, die aber die Kenntnis des *Imperfecto de Subjuntivo* voraussetzen:
Ana ha dicho que la disculpase por el retraso.
Os he pedido que cerraseis los libros y que escucharais la cinta.
Os he dicho que hicierais el ejercicio 5.

VARIANTE 1:

Im Anschluß an eine Leseverstehensübung kann diese Aktivität zur Wiederholung des Textinhalts dienen.

VARIANTE 2:

Nach einer Diskussion versuchen Sie, in Erinnerung zu rufen, was die Lerner gesagt haben. Wenn Sie etwas vergessen, ergänzen es die Lerner.

V. Bilder sprechen lassen

60 Abstraktes Bild

LERNZIELE:

Vermutungen äußern; Wortschatzarbeit

VERLAUF:

Zeichnen Sie ein großes Viereck an die Tafel, in das Sie möglichst viele Schnörkel, Kritzeleien und geometrische Formen hineinzeichnen (auch farbig, wenn Sie bunte Kreide oder Stifte zur Verfügung haben), oder verwenden Sie eine der Abbildungen von S. 57. Fragen Sie die Gruppe, was das Bild ihrer Meinung nach darstellt. Machen Sie deutlich, daß es keine richtigen oder falschen Antworten gibt, und ermutigen Sie die Lerner, ihre Phantasie spielen zu lassen.

61 Unsichtbarer Elefant

LERNZIEL:

Wortschatzwiederholung; Vermutungen äußern

VERLAUF:

Kündigen Sie an, daß Sie einen Gegenstand zeichnen werden, und zeichnen Sie die Umrisse eines Elefanten mit dem Finger in die Luft. Die Kursteilnehmer sind aufgefordert zu erraten, was Sie gezeichnet haben. Ermuntern Sie sie zu unterschiedlichen Interpretationen.

Hinweis:
Achten Sie darauf, die Umrisse möglichst als durchgehende Linie zu zeichnen, und nicht von einer Seite zur anderen zu springen oder Details anzugeben.

 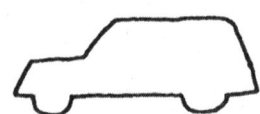 

62 Mehrdeutige Bilder

LERNZIEL:

Vermutungen äußern; Wortschatzarbeit

VERLAUF:

Zeichnen Sie einen kleinen Teil eines einfachen Gegenstands an die Tafel oder decken Sie eine Sequenz der Folie (siehe Kopiervorlage S. 59) bis auf den ersten Teil ab. Fragen Sie die Gruppe, was für ein Gegenstand dort wohl entstehen wird, und ermuntern Sie die Lerner, verschiedene Vermutungen zu äußern. Dabei wiederholen Sie Redemittel wie *Creo que..., Supongo que..., Parece ..., Podría ser...* etc. Sie sollten die Ideen weder bestätigen noch zurückweisen.

Ergänzen Sie die Zeichnung geringfügig bzw. decken Sie einen weiteren Abschnitt von der Sequenz auf der Folie auf, und sammeln Sie erneut Vermutungen. Entwickeln Sie Ihre Zeichnung in etwa 4 Schritten.

63 Was könnte das sein?

LERNZIEL:

Identifizieren von imaginären Gegenständen; Wortschatz

VERLAUF:

Halten Sie einen Kugelschreiber hoch und beginnen Sie folgendes Gespräch:

Sie: *¿Qué es esto?*
Lerner/in: *Un bolígrafo.*
Sie: *No, no es un bolígrafo.*
(Bewegen Sie den Kugelschreiber so durch die Luft, als ob er ein Flugzeug wäre.) *¿Qué es?*
Lerner/in: *Es un avión.*

Überreichen Sie den Kugelschreiber einem Kursteilnehmer und bitten Sie ihn, auch so zu tun, als ob es sich um einen anderen Gegenstand handelte. Fahren Sie in der Gruppe fort, solange die Phantasie reicht.

Zur Inspiration können Sie die Vorschläge aus der BOX verwenden.

Was könnte das sein?

Bolígrafo:	avión, telescopio, clavo, barco, flauta, destornillador, birimbao, etc.
Libro:	techo, pájaro, telescopio, tabla de ping-pong, espejo, etc..
Silla:	caballo, coche, hombre, animal, rastrillo, jofaina, etc.
Clip:	jugador de fútbol, pájaro, tijeras, etc.
Taza:	sombrero, micrófono, nido de pájaro, cara con nariz, martillo, etc.
Bolso:	plato hondo, sombrero, libro, globo, boca de un monstruo, etc.

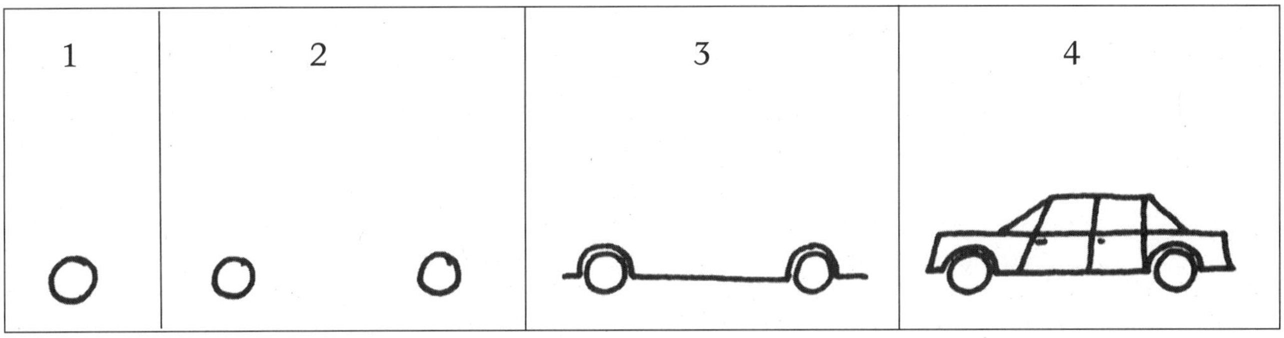

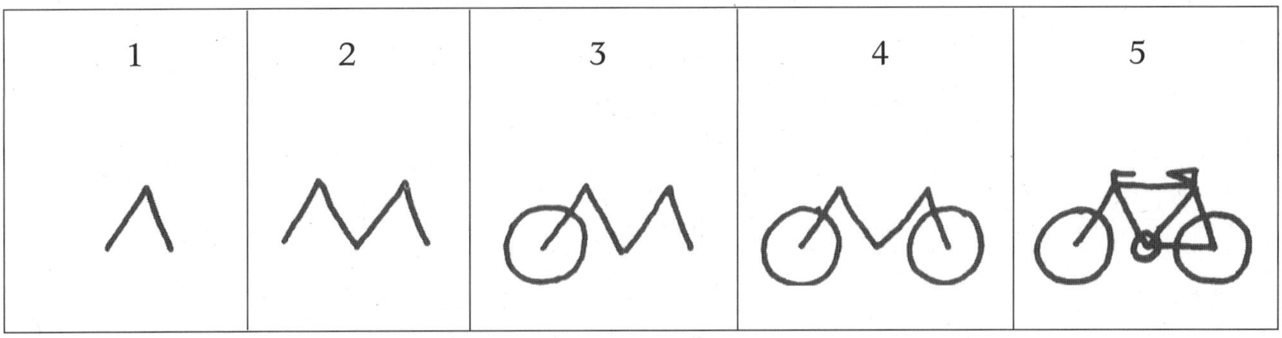

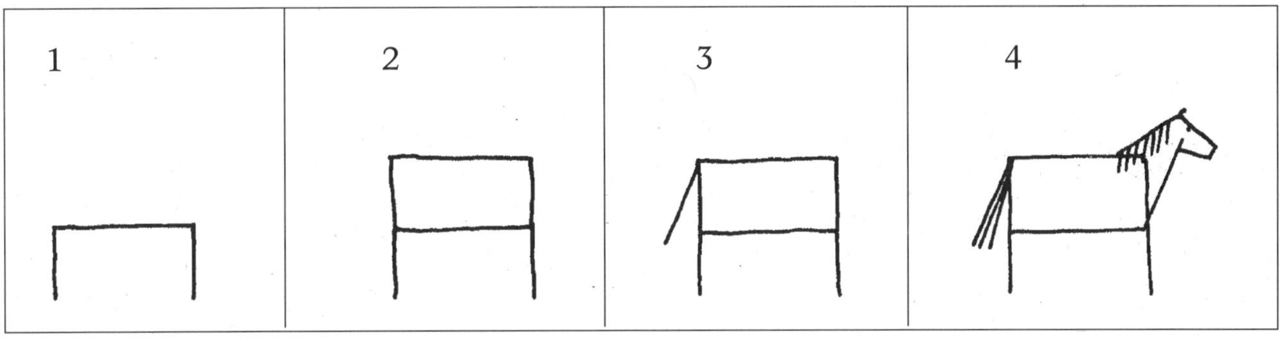

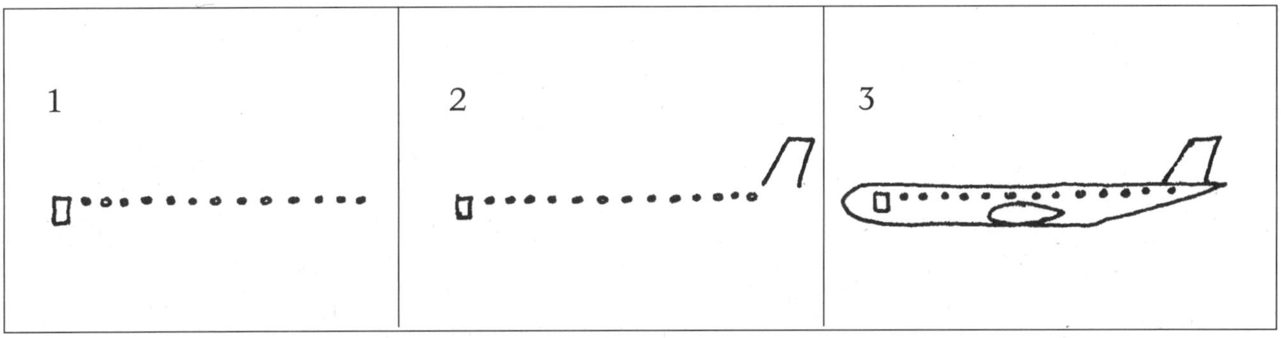

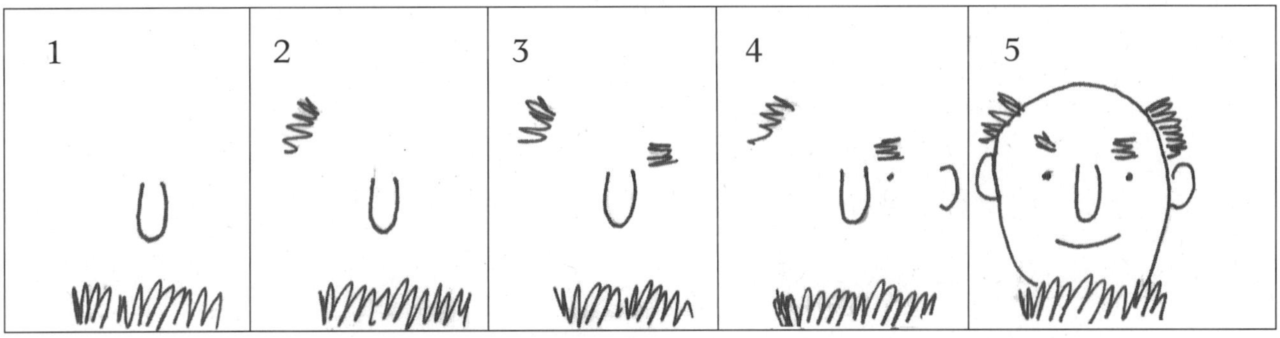

64 Ungewöhnliche Perspektiven

LERNZIEL:

Wortschatz

VERLAUF:

Zeichnen Sie einen bekannten Gegenstand aus einer ungewöhnlichen Perspektive, z.B. ein Rechteck, das einen von oben gesehenen Tisch darstellt. Wenn Sie einen Overheadprojektor zur Verfügung haben, können Sie die Zeichnungen auf Seite 61 benutzen*, wobei Sie jeweils nur eine Grafik sichtbar machen und die anderen mit einem Blatt Papier abdecken.
Fragen Sie die Lerner, was die jeweilige Grafik darstellt, und lassen Sie verschiedene Interpretationen gelten. Dabei können Sie in Ihren Antworten das Konditional verwenden, z.B.:

Sie: *¿Qué es?*
Lerner/in 1: *Puede ser una ventana.*
Sie: *Podría ser, pero no lo es.*
Lerner/in 2: *Será un armario.*
Sie: *Sería posible, pero no lo es.*
Etc.

Hinweis:
Damit Sie sicherstellen, daß alle Lerner aktiv an der Übung teilnehmen, lassen Sie sie zunächst ihre Meinung dem Nachbarn/der Nachbarin mitteilen und erst dann im Plenum erörtern.

*Die Grafiken auf S. 61 stellen folgende Gegenstände und Personen dar:
1. einen Tisch, von oben gesehen
2. eine Tasse, von unten gesehen
3. ein Auto, von unten gesehen
4. einen Schuh, von hinten gesehen
5. Schallplatten, von der Seite gesehen
6. ein Messer, vom Ende aus gesehen
7. einen kahlen Mann, von oben gesehen
8. ein Lineal, vom Ende aus gesehen
9. eine Tür, von der Seite gesehen
10. ein Buch, von einer Ecke aus gesehen
11. einen Bleistift, vom Ende aus gesehen
12. eine Glückwunschkarte, von oben gesehen.

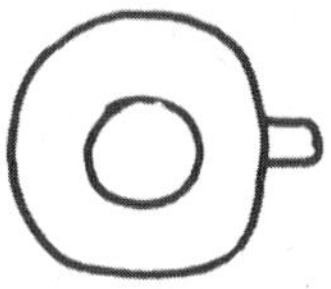

65 Was kann man zu dem Bild sagen?

LERNZIEL:

Einfache Sätze bilden; Präpositionen, Gerundium

VORBEREITUNG:

Besorgen Sie sich ein Bild. Sie können entweder eine der Kopiervorlagen für den Overheadprojektor verwenden (vgl. S. 63) oder ein Poster, ein Bild aus dem Lehrbuch oder aus einer Zeitschrift.

VERLAUF:

Die Lerner betrachten das Bild und sagen, was ihnen dazu einfällt. Legen Sie vorher fest, ob die Äußerungen in Form von vollständigen Sätzen formuliert werden sollen oder ob auch kurze Statements zulässig sind. Halten Sie für jede korrekte Äußerung einen Strich an der Tafel fest. Wie viele Sätze findet die Gruppe in 2 Minuten? Oder kann sie zumindest 20 oder 30 Sätze finden?

VARIANTE 1:

Nach der ersten Phase können die Lerner die gleiche Aktivität als Gruppenwettbewerb fortsetzen: Welche Gruppe findet die meisten Sätze? Oder die Gruppen versuchen, ihren eigenen Rekord zu brechen: Finden sie zu einem zweiten Bild mehr Sätze als zu dem ersten?

VARIANTE 2:

Die Lerner suchen so viele Aussagen wie möglich, die nicht auf das Bild zutreffen. Anschließend können sie, wenn sie wollen, einander korrigieren und die zutreffenden Sätze bilden.

VARIANTE 3:

Bitten Sie die Lerner, sich Fragen zu überlegen, die sich nicht aufgrund des Bildes beantworten lassen. Schreiben Sie die originellsten Fragen an die Tafel, und ermuntern Sie die Lerner zu möglichen phantasievollen Antworten.

VARIANTE 4:

Lassen Sie die Lerner reihum je einen Satz zur Beschreibung des Bildes sagen. Jede/r wiederholt alle vorausgegangenen Sätze und fügt einen neuen hinzu, bis die Kette zu lang und unübersichtlich geworden ist.

66 Wahrnehmungsblitze

LERNZIELE:

Beschreiben, Wortschatzwiederholung

VERLAUF:

Zeigen Sie den Lernern nur für einen ganz kurzen Moment: ein Bild (siehe Kopiervorlage S.65), einen Text (siehe Kopiervorlage S. 67), einen Buchumschlag, eine Zeitungsschlagzeile oder einen Gegenstand.
Bitten Sie die Lerner, zu identifizieren und/oder zu beschreiben, was sie gesehen haben. Ermuntern Sie sie, unterschiedliche Vermutungen zu äußern, die Sie weder bestätigen noch zurückweisen. Zeigen Sie das Objekt noch mehrmals kurz, um zur Identifikation und Diskussion anzuregen. Zeigen Sie zum Abschluß das Bild, den Gegenstand oder Text ausreichend lange, damit die Lerner überprüfen können, in wieweit ihre Blitz-Wahrnehmungen der Realität entsprechen.

Hinweis:
Wenn Sie ein Bild aus einer Zeitschrift verwenden wollen, müssen Sie es zuvor auf Karton kleben.
Wenn Sie eine Folie auf dem Overheadprojektor benutzen, schalten Sie das Gerät nicht jedesmal ab, sondern halten Sie schnell ein Buch oder Blatt Papier unter die Linse, um so die Glühbirne zu schonen.

Wählen Sie Bilder oder Texte, die deutlich zu erkennen bzw. groß genug sind.

VARIANTE:

Die Lerner notieren, was sie gesehen haben, und vergleichen ihre Aufstellung mit der ihres Nachbarn/ihrer Nachbarin.

Gracias a los medios de comunicación la respuesta es cada día más positiva.

FUNDACIÓN DE AYUDA CONTRA LA DROGADICCIÓN

26 DE JUNIO, DÍA MUNDIAL CONTRA LAS DROGAS.

¿Le Quieres?

¿La Quieres?

Sorprende a tu pareja con una fabulosa e inolvidable petición de mano a través de un nuevo programa de televisión. Escribe al apartado de Correos n.º 4.711, 28700 San Sebastián de los Reyes (Madrid), o llama al teléfono

EN LA ACTUALIDAD
LOS BLANCOS Y LOS NEGROS
DE SUDAFRICA
TIENEN LOS MISMOS DERECHOS
SIEMPRE Y CUANDO
LOS NEGROS NO SE ACERQUEN
A LOS BAÑOS DE LOS BLANCOS,
A LOS AUTOBUSES DE LOS BLANCOS,
A LOS BARRIOS DE LOS BLANCOS,
A LAS PLAYAS DE LOS BLANCOS,
A LOS EDIFICIOS DE LOS BLANCOS,
A LOS BARES DE LOS BLANCOS,
A LOS PARQUES DE LOS BLANCOS,
A LOS CINES DE LOS BLANCOS,
A LOS MERCADOS DE LOS BLANCOS,
NI A LOS HIJOS DE LOS BLANCOS.

© Ernst Klett Verlag für Wissen und Bildung GmbH, Stuttgart 1994. Alle Rechte vorbehalten. (Vervielfältigungen zum Unterrichtsgebrauch gestattet.)

67 Langsame Enthüllung

LERNZIEL:

Vermutungen äußern, beschreiben, freies Sprechen (bildgesteuert)

VERLAUF:

Bringen Sie ein Bild mit oder kopieren Sie die Abbildung auf Seite 65. Stecken Sie das Bildmaterial in einen passenden Briefumschlag oder in eine Mappe, oder bedecken Sie es mit einem nicht durchscheinenden Blatt Papier. Decken Sie das Bild nach und nach auf, und lassen Sie die Lerner jedesmal raten, was das Bild wohl darstellen könnte. Fordern Sie zur Diskussion auf, und lassen Sie unterschiedliche Meinungen gelten.

VARIANTE:

Wenn Sie einen Overheadprojektor zur Verfügung haben, können Sie anstelle eines Bildes auch einen Text verwenden, den Sie abschnittweise aufdecken. Auf Seite 67 finden Sie ein Beispiel.

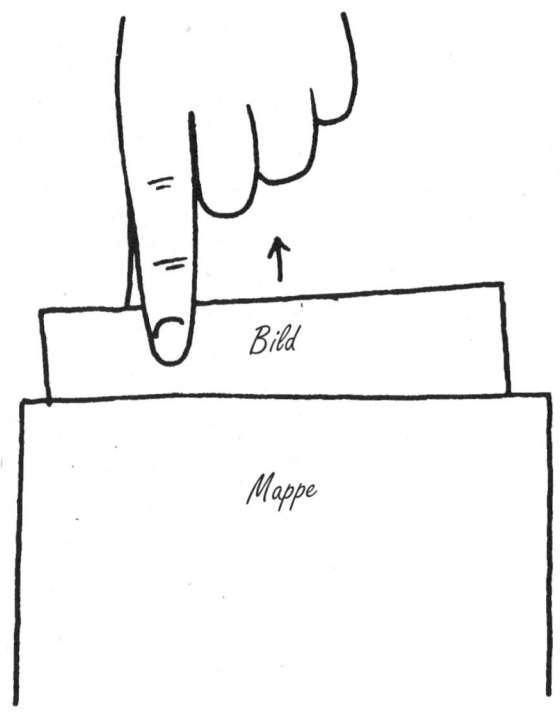

UN GRAN AMOR

Miro su cuerpo hermoso, su color rubio que me invita... Posee un cuello largo y elegante. No puedo vivir sin ella.

Me acompaña en coche, me mira cuando estoy en mi escritorio; está siempre delante de mí en el restaurante.
Cuando camino siempre está a mi lado y, a escondidas, la acaricio y la aprieto. Siento su calor y su pasión.

Sus besos son de fuego. Cuando acerco mi boca a la suya, mi respiración se acelera, cierro los ojos y sueño; sueño e imagino un mundo lleno de alegría. La felicidad se apodera de mi alma. Sus besos se han convertido en una costumbre que no puede, no debe faltar.

Por la noche cuando me dirijo a mi cuarto, me sigue. Cierro los ojos e inmediatamente la busco para estar seguro de que está ahí, que no me ha abandonado. Extiendo la mano para buscarla, para sentirla.

Mientras duermo sueño con ella y soy feliz.
Por la mañana mi primer saludo, el primer beso son para ella. Y ella es mi fuerza, mis ganas de vivir. A su lado no temo a nada. Empiezo la jornada tranquilo y seguro.

La tomo de la mano para salir, pero... ¡qué desgracia! Me detengo... Es algo terrible... De repente se muestra distinta y cansada. No, no importa. He comprendido: la he amado demasiado; demasiado tiempo la he tenido a mi lado, junto a mis labios.

Ahora está vacía... Me detengo. Compro otra.
El dueño de la tienda de enfrente lo sabe:
– Aquí tiene, como de costumbre, su botella de vino blanco.

(Texto adaptado de: Baldelli et al., *Leggere l'italiano*,
Un grande amore, Le Monnier, Florencia 1991)

68 Was haben sie gemeinsam?

LERNZIEL:

Freies Sprechen durch bild- oder textgesteuerte Assoziationen

VERLAUF:

Zeigen Sie der Gruppe gleichzeitig zwei Bilder (vgl. die Kopiervorlagen auf Seite 69 und 70.) und fragen Sie, was die beiden Darstellungen miteinander verbindet. Die Antworten dürfen sowohl ernsthaft als auch absurd sein. Sie können persönlich gefärbt sein oder objektive Feststellungen enthalten.
Beispielsweise kann auf einem Bild ein Auto und auf dem anderen eine Schachtel Zigaretten abgebildet sein. (Vgl. die Kopiervorlage auf Seite 69.) Dann könnten die Kommentare so lauten:

Lerner/in A: *Ambos son peligrosos, no sólo para sus propietarios, también para terceros.*
Lerner/in B: *Los dos le proporcionan muchos ingresos al estado.*
Lerner/in C: *El propietario del coche quiere dejar de fumar para permitirse el lujo del coche.*
Lerner/in D: *No me gusta que la gente fume en mi coche.*

VARIANTEN:

Sie können die assoziativen Vergleiche nicht nur zwischen zwei Bildern, sondern auch zwischen einem Bild und einem Text oder zwischen zwei Texten durchführen lassen. Dabei können die Texte lang oder kurz sein und schriftlich oder mündlich dargeboten werden.

69 Was muß ich, was darf ich, was darf ich nicht?

LERNZIEL:

Wortschatz; freie Satzkonstruktion

VERLAUF:

Kopieren Sie die Piktogramme auf S. 71 und verteilen Sie die Blätter an die Lerner. Diese versuchen – möglichst in Paaren oder in Kleingruppen – die 12 Piktogramme zu identifizieren. Sobald eine Gruppe glaubt, alles entschlüsselt zu haben, ruft sie BINGO und trägt ihre Ergebnisse vor.

ERWEITERUNG:

Auf S. 72 finden sich Piktogramme, die ziemlich unbekannt sind und daher die Phantasie anregen. Wer findet die originellste, die einleuchtendste oder die richtige Deutung?

Erklärung der Symbole von S. 71 und 72

1. Kein Zutritt!
2. Kein Trinkwasser!
3. Rauchen verboten!
4. Campingplatz
5. Treffpunkt/Meeting point
6. Parkplatz
7. Fernsprecher
8. (Roll-)Treppe
9. Hunde nicht erlaubt!
10. Gift
11. Vorgegebene Richtung
12. Rauchen gestattet

1. Presse/Raum für Interviews
2. Tiefgekühlt aufbewahren
3. Unverschlossene Tür/Deckel
4. Trocken + heiß
5. Blutspende
6. Telegrammannahme
7. Anmeldung/Aufnahme
8. Schleuse
9. Verlorene Kinder
10. Wendeplatz (für Boote)
11. Sicherheitsausrüstung
12. Schütteln, (Um-)Rühren
13. Aussichtspunkt
14. Urlaubs-/Freizeitaktivitäten
15. Kinderkrankenhaus
16. Wassersportgebiet
17. Langsam fahren!
18. Amphitheater
19. Wäschetrockner
20. Wanderweg/Naturlehrpfad

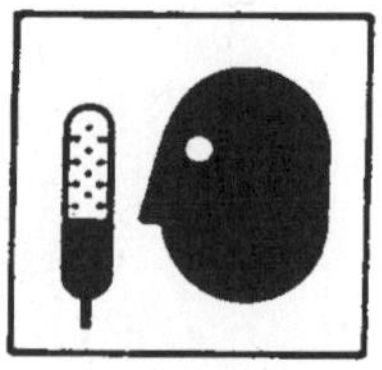
1

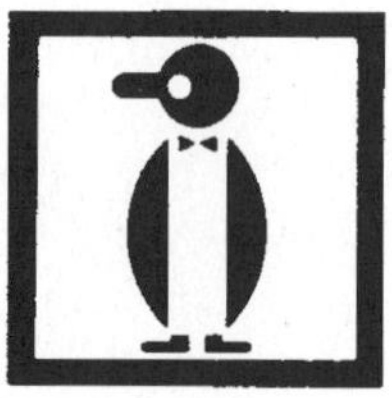
2

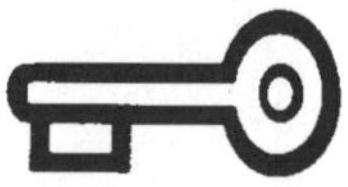
3

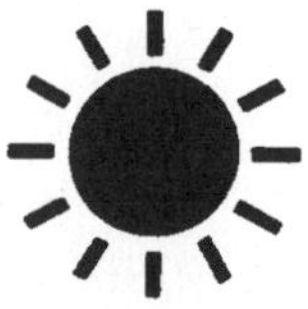
4

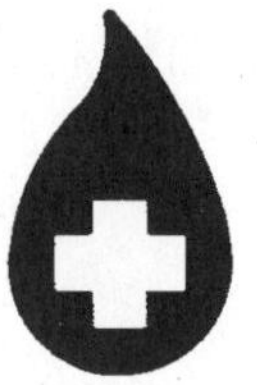
5

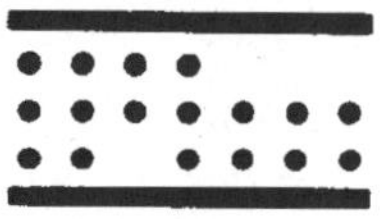
6

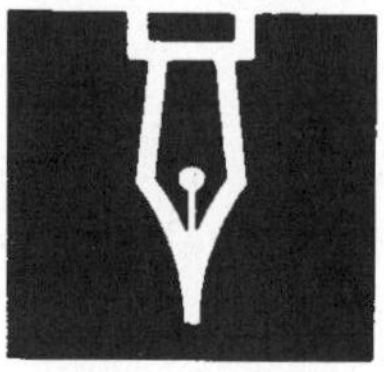
7

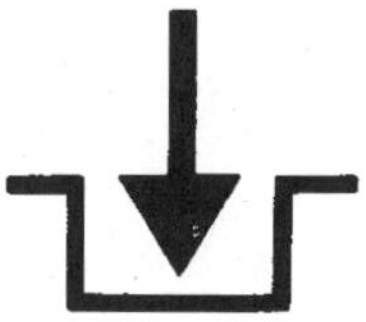
8

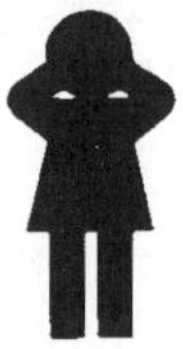
9

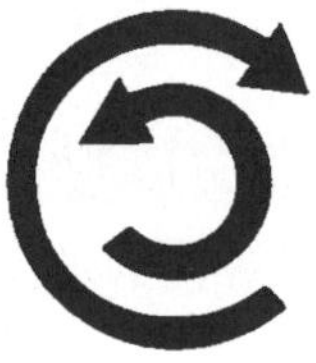
10

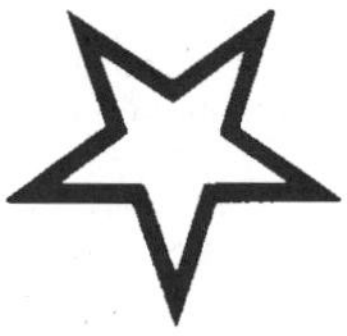
11

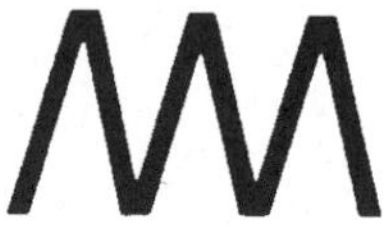
12

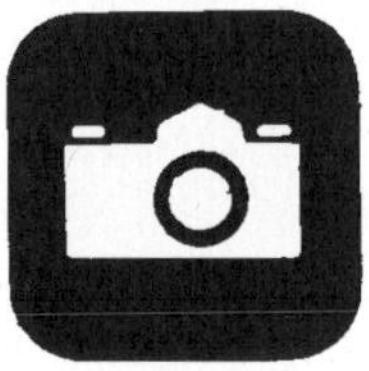
13

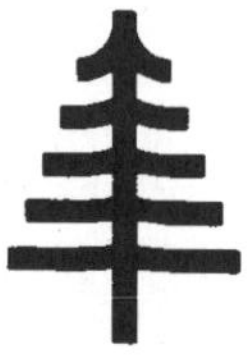
14

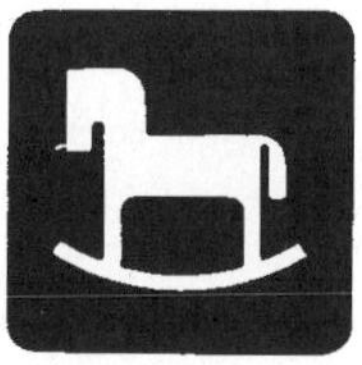
15

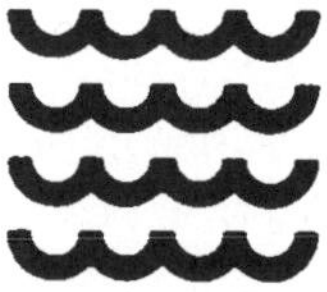
16

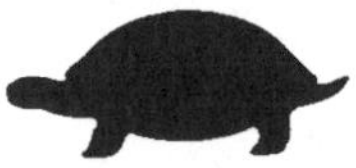
17

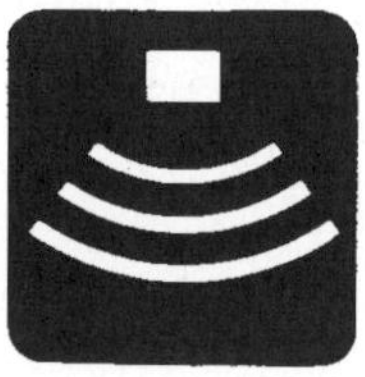
18

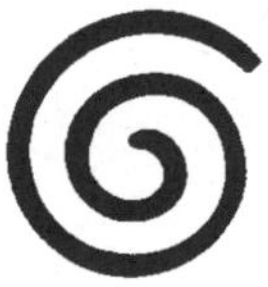
19

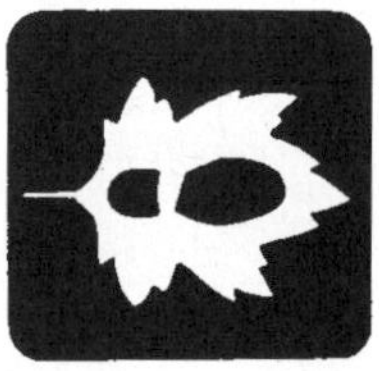
20

70 Bilder mit Zukunft

LERNZIEL:

Ausdrucksformen der Zukunft, Vermutungen äußern (Futur, *ir a* + Infinitiv, Präsens mit futurischer Bedeutung)

VORBEREITUNG:

Schneiden Sie aus einer Zeitschrift ein spannungsreiches Foto aus oder fertigen Sie (möglichst vergrößerte) Kopien von einem der Fotos auf S. 74 an.
Lassen Sie das Foto von Hand zu Hand gehen bzw. verteilen Sie die Kopien, und stellen Sie die Frage:
¿Qué va a pasar después? Oder:
¿Cuál será la situación dos minutos más tarde? Oder:
Imaginaos la continuación de la historia.

Wenn die Lerner ihre Vorschläge machen, bitten Sie sie, ihre Vermutungen auch zu begründen. Dabei kann es zu unterschiedlichen Wahrnehmungen und Einschätzungen kommen, was meist eine lebhafte Diskussion bewirkt. Beenden Sie die Übung rechtzeitig; 5 bis 10 Minuten sind wahrscheinlich ausreichend.

VARIANTE:

Bei dieser Übung geht es normalerweise um freies Assoziieren und nicht um eine einzige „richtige" Antwort. Dies gilt auch für eine „freie" Bildgeschichte, wie Sie sie z.B. auf der Kopiervorlage von S. 75 finden. Sie können aber auch eine Bildgeschichte mit eindeutig festgelegter Abfolge (vgl. Kopiervorlage S. 76) wählen. Da Ihnen in dem Fall das Folgebild vorliegt, können Sie die Lerner durch kleine Hinweise an die „richtige" Lösung heranführen. Z.B. können Sie sagen:

Sí, sí es él, el que reaccionará. Fíjate un poco en lo que hay en el ángulo izquierdo.

Zum Abschluß zeigen Sie dann das nachfolgende Bild aus der Bildgeschichte, das entweder eine Bestätigung der gefundenen Lösung darstellen oder einen Aha-Effekt auslösen wird.

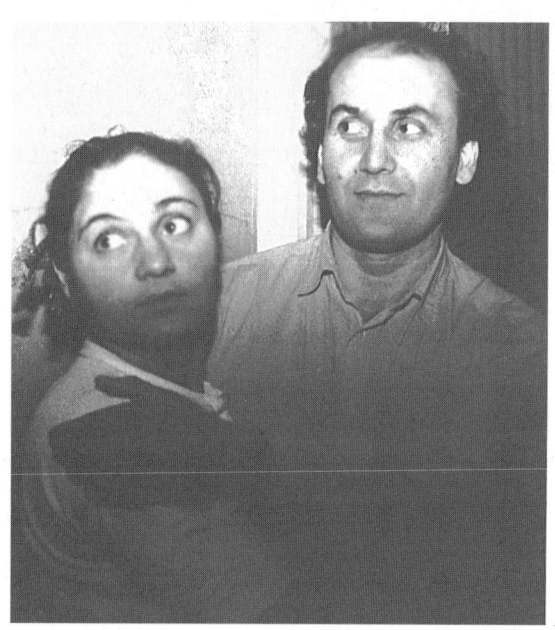

Aus: *Rápido*, Klett 1993

Aus: *Corso Italia 1*, Arbeitsbuch, Klett 1994

© Ernst Klett Verlag für Wissen und Bildung GmbH, Stuttgart 1994. Alle Rechte vorbehalten. (Vervielfältigungen zum Unterrichtsgebrauch gestattet.)

71 Bildgeschichten

LERNZIEL:

Bildgesteuertes Erzählen (im Präsens oder in einer Vergangenheitszeit)

VORBEREITUNG:

Kopieren Sie die Bildgeschichte auf Seite 75 mehrfach, und zerschneiden Sie die Blätter in die einzelnen Bildteile. Oder verwenden Sie eine Bildgeschichte aus Ihrem Lehrbuch.

VERLAUF:

Bilden Sie Kleingruppen, geben Sie jeder Gruppe einen Satz Bilder. Bitten Sie sie, sich zu jedem Bild ein bis zwei Sätze auszudenken und die Bilder so aneinanderzufügen, daß eine kleine Geschichte entsteht. Nach etwa zehn Minuten bitten Sie die Gruppen, ihre Geschichte vorzutragen. Dabei wird immer das Bild hochgehalten, auf das sich der jeweilige Text bezieht. Sinnvoller ist es noch, die Bilder nach und nach an die Wand zu pinnen oder an die Filztafel zu heften, so daß die Abfolge einer jeden Gruppe sichtbar wird.

72 Gesichter erzählen

LERNZIEL:

Freies Sprechen (Präsens und Vergangenheitszeit); Adjektive

VERLAUF:

Verteilen Sie Kopien der Fotos auf Seite 78 und/oder 79 und lassen Sie die Lerner sagen, wie die abgebildeten Personen sind bzw. wie sie sich fühlen (*1: escéptica, pensativa; 2: enfadada, 3: contenta, alegre, feliz; 4: atento; 5: asombrado; 6: pensativo; 7: furioso; 8: triste, deprimida; 9: sorprendida; 10: alegre; 11: cansada, desanimada; 12: fascinada*).
Greifen Sie dann eines der Bilder heraus und fragen Sie die Lerner, warum sich diese Person so fühlt, wie es ihr Gesicht zeigt.

Die Antwort zu Nr. 11 könnte beispielsweise lauten:
Está muy cansada porque ayer se acostó tarde y está en una reunión muy aburrida.
Oder zu Nr. 8:
Está triste porque acaba de recibir una mala noticia.

ERWEITERUNG:

Wenn genügend Zeit vorhanden ist, bilden Sie Kleingruppen, in denen je eines der Gesichter in bezug auf seinen „Hintergrund" interpretiert wird. Vielleicht entstehen auch kleine Geschichten zu den einzelnen Bildern. Abschließend tragen die Gruppen die Ergebnisse ihrer Arbeit der Gruppe vor.

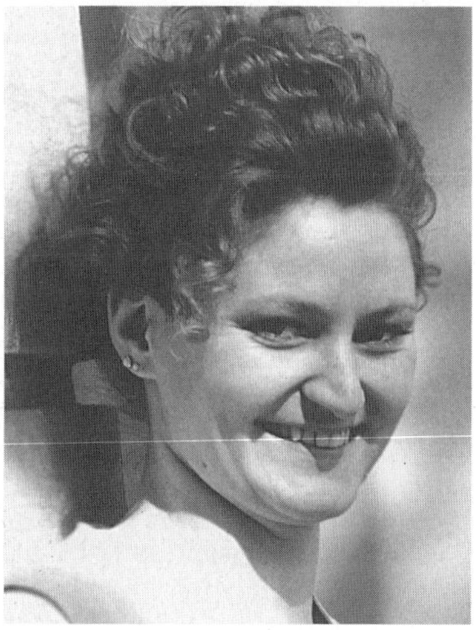

7 8

9 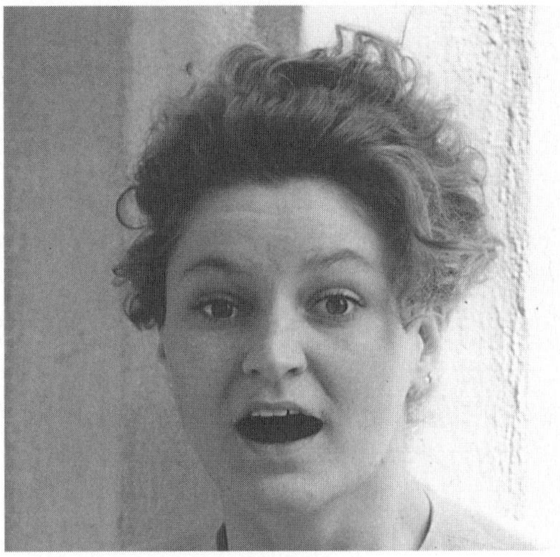 10

11  12

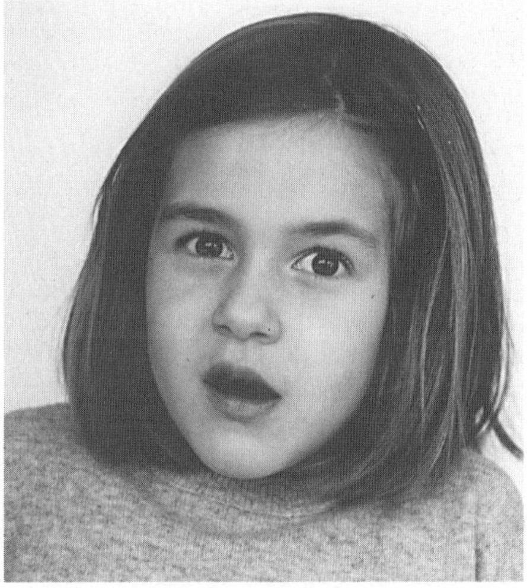

© Ernst Klett Verlag für Wissen und Bildung GmbH, Stuttgart 1994. Alle Rechte vorbehalten. (Vervielfältigungen zum Unterrichtsgebrauch gestattet.)

73 Drei-Bilder-Geschichte

LERNZIEL:

Freies Sprechen (bildgesteuert); Kontrast zwischen *Imperfecto* und *Indefinido*.

VORBEREITUNG:

Schneiden Sie drei Bilder aus einer Zeitschrift aus, die so groß sind, daß sie die ganze Gruppe sehen kann. Das erste Bild sollte ein bis zwei Personen in einer bestimmten Situation zeigen. Das zweite und dritte Bild sollte jeweils einen Gegenstand innerhalb eines Situationsrahmens darstellen.
Wenn Sie keine Zeitschrift zur Verfügung haben, können Sie die Abbildungen auf S. 81 verwenden (eventuell vergrößerte Kopie).

VERLAUF:

Zeigen Sie das erste Bild. Laden Sie die Lerner ein, sich dazu in beliebiger Weise zu äußern. Als Lehrer/in ist es Ihre Aufgabe, Beobachtung und Phantasie anzuregen und die geäußerten Kommentare zu sammeln, um sie dann zu einer Geschichte zusammenzufügen. Wenn die Lerner weitere Ideen einbringen, fügen Sie sie in die Geschichte ein, indem Sie sie immer wieder von Anfang an erzählen.
Nach etwa zwei Minuten können Sie das zweite Bild zeigen und später das dritte. Bitten Sie dann die Lerner, einen Schluß zu finden.
Versuchen Sie, vor Ablauf der vorgesehenen Zeit – insgesamt 5 bis 7 Minuten – die vollständige Geschichte zu erzählen. Hier ein Beispiel, wie sie beginnen könnte:

(Sie zeigen das erste Bild.)
Sie: *¿Qué me podéis contar sobre esta foto?*
Lerner/in 1: *Hay dos personas en un parque.*
Sie: *Sí, ¿y qué más?*
Lerner/in 2: *Son un hombre y una mujer. Son novios.*
Sie: *¿Cómo se llaman?*
Lerner/in 3: *Juan y Pilar.*
Sie: *¿Qué hora es?*
Lerner/in 4: *Es por la tarde, casi por la noche porque está oscuro.*
Sie: *¿De qué hablan?*
Lerner/in 5: *De las vacaciones en el sur, poque hace mucho frío.*

(Sie nehmen die Position eines Geschichtenerzählers ein.)
Sie: *Era una tarde de invierno. Todo estaba oscuro y Juan y Pilar estaban en el parque y hablaban de las vacaciones en el sur, porque hacía mucho frío.*

(Sie zeigen das zweite Bild.)
Sie: *¿Qué pasa ahora en esta otra foto?*
Lerner/in 6: *Hay un coche que va muy de prisa.*

(Sie sind wieder der Geschichtenerzähler.)
Sie: *Era una tarde de invierno. Todo estaba oscuro y Juan y Pilar estaban en el parque y hablaban de las vacaciones en el sur, porque hacía mucho frío.
Cuando de repente vieron un coche que se acercaba muy rápidamente.*
Etc.

①

②

③

74 Imaginäre Bilder

LERNZIEL:

Hörverstehen, Beschreiben

VERLAUF:

Bitten Sie die Lerner, die Augen zu schließen und sich so entspannt wie möglich hinzusetzen. Sagen Sie ihnen, daß Sie nun ein Bild beschreiben werden, das die Lerner sich vor ihrem inneren Auge vergegenwärtigen sollen. Beschreiben Sie dann langsam beispielsweise folgendes Bild:

Es un paisaje, en verano. Hay campos extensos y, en el fondo, una pequeña colina. En la colina destacan tres árboles. El cielo está lleno de nubes. Observad esta imagen durante un momento.

Laden Sie die Lerner anschließend ein, die Augen zu öffnen und ihrem Nachbarn/ihrer Nachbarin die Landschaft, die sie gesehen haben, zu beschreiben. Es wird sich sogleich herausstellen, daß jede/r das Bild sehr unterschiedlich wahrgenommen hat. Leiten Sie ein Gespräch ein, indem Sie Fragen stellen, z.B.:
¿Qué has visto en los campos? ¿Cereales? ¿Hierba? ¿Había animales? ¿Qué tipo de árboles eran? ¿Qué te ha parecido la imagen?

Hinweis:
Einige Lerner sind solchen Übungen gegenüber skeptisch, da sie den Eindruck haben, man wolle sie aushorchen und etwas über ihren Gemütszustand erfahren. Daher sollten die Lerner sich nur freiwillig äußern und niemand gedrängt werden.

VARIANTE 1:

Geben Sie eine Beschreibung, die nicht nur die visuelle Wahrnehmung, sondern alle Sinne anspricht. Zum Beispiel:

Estás en una habitación. Todo está muy tranquilo, pero puedes oír algunos ruidos: el tictac de un reloj, el tráfico a lo lejos: un coche, una moto... Estás sentado en un sillón confortable. ¿Cómo te sientes? Tienes sed.
Te acercas el vaso a la boca y bebes un poco. ¿Qué es? ¿Te gusta? De repente oyes algún ruido en la casa. Te levantas.

Bitten Sie die Lerner erneut, in Zweiergruppen zu arbeiten. Erläutern Sie, daß zwar Sie die Fragen stellen werden, daß aber jede/r die Antworten seinem/ihrem Nachbarn gibt. Regen Sie durch Ihre Fragen die Lerner dazu an, möglichst genaue Aussagen darüber zu machen, wie sie die Szene wahrgenommen haben.

VARIANTE 2:

Bitten Sie die Lerner, die Augen zu schließen und einem Gedicht oder einer Geschichte zu lauschen. Sie sollen sich dabei entspannen und beobachten, welche Bilder in ihrer Phantasie beim Zuhören entstehen. Anschließend schildern sie sich in Zweiergruppen gegenseitig, was sie gesehen haben.

VARIANTE 3:

Lesen Sie aus einem Gedicht oder einer Geschichte einen kurzen Teil vor (eine Strophe oder einen Absatz), in dem eine Ortsbeschreibung enthalten ist. Geben Sie, nachdem Sie geendet haben, den Lernern genau eine Minute Zeit, um eine Skizze des Ortes anzufertigen. Wegen der Kürze der Zeit wird die Zeichnung zwangsläufig ungenau und mehrdeutig, z.B. werden Stühle nur durch Vierecke dargestellt.
Geben Sie den Lernern anschließend drei Minuten Zeit, um sich in Zweiergruppen ihre Zeichnungen gegenseitig zu erklären, und zu erläutern, was sie sich beim Vorlesen vorgestellt haben.

75 Was ist los?

LERNZIEL:

Situationsbeschreibungen machen, Vermutungen anstellen

VERLAUF:

Bitten Sie zwei Lerner, sich mit dem Rücken zur Tafel hinzustellen; sie sind die Detektive. Dann schreiben Sie ein Faktum an die Tafel. (Vgl. Auswahl von Situationen in der nachstehenden BOX). Die Gruppe ist Zeuge des Vorfalls und weist durch Gesten, Geräusche und Äußerungen auf die Situation hin, ohne sie direkt zu benennen. Die Detektive müssen erraten, um was es sich handelt. Sie sind dabei auf die Reaktionen der Zeugen angewiesen. Wenn beispielsweise an der Tafel steht: *Se quema la escuela*, könnten die Zeugen folgende Hinweise geben:
¡Veo humo!
Aquí empieza a hacer mucho calor, ¿no os parece?
Oigo la sirena de la policía.
Por ahí huyen dos chicos.

VARIANTE 1:

Wenn Sie genügend Zeit zur Verfügung haben, können Sie die Übung als Spiel zwischen zwei Teams gestalten, wobei jedes Team einmal die „Detektive" und einmal die „Zeugen" stellt.

VARIANTE 2:

Wenn es die Sprachkenntnisse erlauben, kann der Detektiv die (vermeintlich) gefundene Lösung in Form einer Vermutung ausdrücken, z.B. so: *Podría ser un incendio de la escuela.*
Oder so: *Creo que se trata de una escuela que se está quemando.*

Was ist los?

1. Un incendio en la escuela.
2. La clase es muy aburrida.
3. El niño está enfermo.
4. Es hora de regresar a casa.
5. Hay una fiesta en vuestra casa.
6. Fuera hace mucho frío.
7. En casa han estado los ladrones.
8. Esta señora es muy rica.
9. Un accidente en la autopista.
10. 8:30 de la mañana. Los transportes públicos no funcionan.
11. Te han robado el coche.
12. Os ha tocado la lotería.

76 Bilddiktat

LERNZIEL:

Hörverstehen

VERLAUF:

Beschreiben Sie eine Situation oder eine Person, und geben Sie den Lernern genug Zeit, das Gehörte in eine Zeichnung umzusetzen. Lassen Sie sie die Bilder untereinander vergleichen.
Wenn genügend Zeit vorhanden ist, können die Lerner ihre Zeichnung daraufhin „zurückdiktieren", während Sie das Diktat in einer Tafelzeichnung wiedergeben.

VARIANTE:

Es kann auch auf andere Weise vorgegangen werden: Die Lerner diktieren Ihnen die Zeichnung, wobei jeder und jede einen Beitrag dazu liefert. Oder es wird paarweise gearbeitet, und ein Partner diktiert, während der andere zeichnet. Dann werden die Rollen getauscht.

77 Memory

LERNZIEL:

Beschreiben; *hay*

VORBEREITUNG:

Kopieren Sie die Seite 85 mehrmals, d.h. für jede Kleingruppe von 3 – 4 Personen zweimal. Kleben Sie die Blätter auf einen leichten Karton und schneiden Sie die Kärtchen aus.

VERLAUF:

Bilden Sie Kleingruppen von nicht mehr als vier Personen, und geben Sie jeder Gruppe 60 Kärtchen (= 30 Paare).
Wenn Sie weniger Zeit zur Verfügung haben, wählen Sie 20 Zeichnungen aus, und verteilen nur jeweils 40 Kärtchen (= 20 Paare). Wichtig ist, daß jedes Motiv zweimal vorkommt.

Die Kärtchen werden gemischt und mit dem „Gesicht" nach unten vor jeder Gruppe ausgelegt. Spieler 1 wählt zwei Karten aus, die er aufdeckt und beschreibt:
Hay una señora que corre.
Hay dos personas que sonríen.
Daraufhin werden die Kärtchen wieder umgedreht. Der nächste Spieler fährt in derselben Weise fort, wobei alle Spieler versuchen, sich die Position der einzelnen Kärtchen zu merken, um beim nächsten Mal möglichst ein Paar mit identischer Abbildung aufdecken zu können, das der betreffende Spieler dann an sich nehmen darf:
Aquí hay un gato durmiendo.
Aquí también.
Wer zum Schluß die meisten Paare gesammelt hat, ist Gewinner.

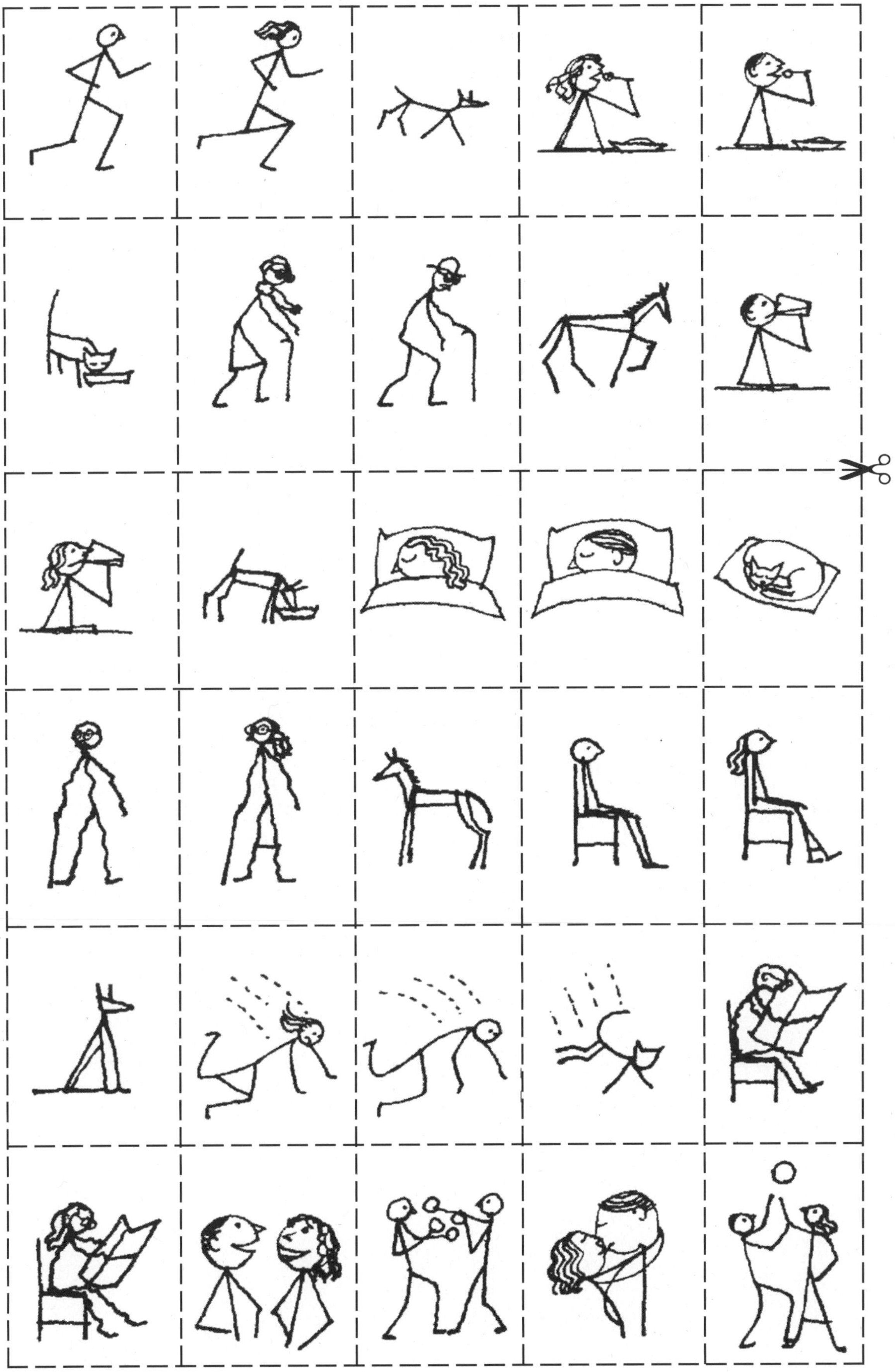

© Ernst Klett Verlag für Wissen und Bildung GmbH, Stuttgart 1994. Alle Rechte vorbehalten. (Vervielfältigungen zum Unterrichtsgebrauch gestattet.)

85

78 Silhouetten

LERNZIEL:

Beschreiben; *estar* + Gerundium oder Präsens

VORBEREITUNG:

Kopieren Sie die Silhouetten auf Seite 87 und die Fotos auf Seite 88.
Wenn Sie selbst derartige Silhouetten anfertigen möchten, gehen Sie so vor: Schneiden Sie geeignete Bilder aus einer Zeitschrift aus. Kopieren Sie sie. Kleben Sie die Kopien – nur an den Rändern – auf einen leichten schwarzen Karton, und schneiden Sie die Konturen der im Mittelpunkt des Bildes stehenden Person aus. Lösen Sie die Kopien ab, und kleben Sie die so gewonnenen Silhouetten auf ein weißes Blatt Papier. Kleben Sie die Originalbilder aus der Zeitschrift ebenfalls in derselben Anordnung auf ein Blatt Papier, sie dienen Ihnen als Lösungen.

VERLAUF:

Zeigen Sie die erste Silhouette und fragen Sie die Lerner, um welche Person es sich handelt und was er oder sie gerade im Begriffe ist zu tun:

¿Quién es? ¿Es un señor o una señora?
¿Qué está haciendo?

Mögliche Antworten zu 1:
Es un hombre./Podría ser también una mujer./ Está buscando algo./Está hablando con un niño pequeño./Está haciendo gimnasia... Etc.

Greifen Sie helfend ein, wenn zusätzliches Vokabular benötigt wird.
Sobald sich die Einfälle der Lerner zu erschöpfen beginnen, zeigen Sie das Originalbild. Es wird entweder eine Bestätigung der Vermutungen oder aber eine Überraschung sein.

VARIANTE:

Sie können auch alle 6 Scherenschnitte auf einmal präsentieren, so daß die Lerner selbst wählen können, welchen sie kommentieren möchten. Sie können aber auch von einem Bild zum anderen springen, wenn neue Einfälle kommen. Dabei ist es wichtig, daß die einzelnen Bilder numeriert sind, damit immer klar ist, wovon gesprochen wird.

1

2

3

4

5

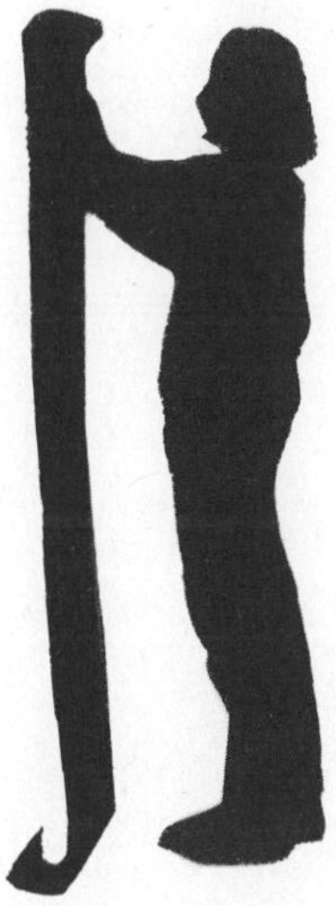

6

© Ernst Klett Verlag für Wissen und Bildung GmbH, Stuttgart 1994. Alle Rechte vorbehalten. (Vervielfältigungen zum Unterrichtsgebrauch gestattet.)

1

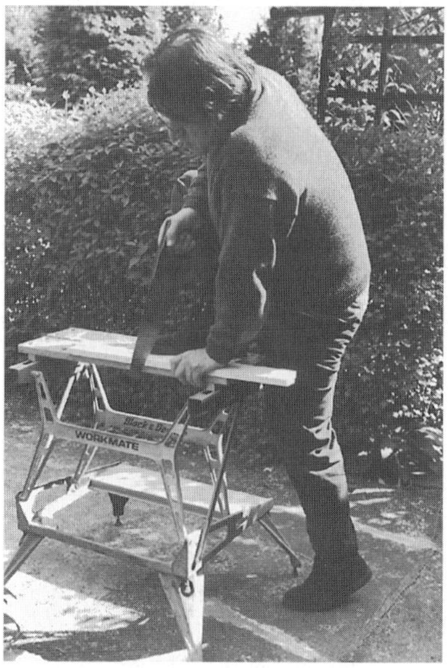

2

3

4

5

6

© Ernst Klett Verlag für Wissen und Bildung GmbH, Stuttgart 1994. Alle Rechte vorbehalten. (Vervielfältigungen zum Unterrichtsgebrauch gestattet.)

79 Wem gehört was?

LERNZIEL:

Beschreiben, Vermutungen äußern; Possessivum; Wortschatz

VERLAUF:

Sagen Sie den Lernern, daß Sie ihre Beobachtungsfähigkeit und ihr Gedächtnis testen wollen. Sammeln Sie sieben bis acht Gegenstände von Kursteilnehmern ein (vorausgesetzt, diese sind damit einverstanden!). Zeigen Sie der Gruppe jeden einzelnen Gegenstand, bevor Sie ihn in einer Tasche verschwinden lassen.

Wenn genügend Zeit zur Verfügung steht, bitten Sie die Lerner, alle Gegenstände, ihr Aussehen und ihre Besitzer aufzuschreiben. Ist die Zeit knapp, lassen Sie die Dinge mündlich benennen, beschreiben und den Besitzer angeben. Sie sollten die Angaben zunächst weder bestätigen noch zurückweisen, sondern die Lerner ermuntern, ihre Aussagen zu begründen.

Zeigen Sie zum Schluß die Gegenstände, und geben Sie sie an ihre Besitzer zurück.

80 Gegenstände ertasten

LERNZIEL:

Wortschatzwiederholung; Vermutungen äußern; Variante: kreatives Schreiben

VERLAUF:

Sammeln Sie von den Lernern und aus dem Unterrichtsraum verschiedene Gegenstände ein und stecken Sie sie in eine große Tasche. Lassen Sie die Lerner anschließend in die Tasche fassen und die Gegenstände identifizieren, indem sie sie abtasten. Die Lerner benennen den Gegenstand, wenn sie ihn erkannt haben, oder äußern eine Vermutung:

Prodría ser un lápiz./Creo que es el mechero de Anita.

VARIANTE:

Verbinden Sie den Lernern die Augen und reichen Sie nacheinander vier bis fünf Gegenstände herum, die von den Lernern betastet, aber nicht benannt werden. Nachdem alle Gelegenheit hatten, die Gegenstände zu befühlen, schreibt jeder eine kurze Geschichte, in der die vermuteten Objekte vorkommen.

Hinweis:
Die in der Variante beschriebene Aktivität ist besonders motivierend, wenn Sie ausgefallene Gegenstände wählen, die nicht auf Anhieb zu erkennen sind oder sich ungewöhnlich anfühlen (z.B. ein mit Sand gefüllter Handschuh).

81 Wer? Wo? Was?

LERNZIEL:

Beschreiben

VERLAUF:

Beschreiben Sie einen Gegenstand aus dem Unterrichtsraum und fragen Sie zum Schluß: *¿Qué es?* Fahren Sie mit der Beschreibung einer Person, die alle Kursteilnehmer kennen, fort. Die Kursteilnehmer sind aufgefordert zu raten, was oder wen Sie beschrieben haben.

Sie:	*Tiene dos puertas, es verde y dentro están los libros.*
Lerner/in:	*El armario.*
Sie:	*Lleva un jersey azul, es rubia y está sentada en la tercera fila.*
Lerner/in:	*Anita.*

Wenn die Lerner gemerkt haben, wie die Übung abläuft, können sie dazu übergehen, selber eine Person, einen Ort oder einen Gegenstand zu beschreiben. Die übrige Gruppe ist aufgefordert zu raten, worum oder um wen es sich handelt.

VARIANTE:

Teilen Sie den Kurs, nachdem Sie einmal vorgemacht haben, wie die Übung abläuft, in zwei Gruppen. Flüstern Sie einem Lerner ein Wort ins Ohr (es kann der Name einer Person, die Bezeichnung eines Gegenstands, Ortes oder Ereignisses sein). Er/Sie muß den genannten Begriff nun so gut beschreiben, daß die eigene Gruppe ihn erraten kann. Wiederholen Sie den Vorgang mit einer Person aus der anderen Gruppe. Machen Sie abwechselnd mit beiden Gruppen weiter; Sieger ist die Gruppe, die am Schluß die meisten Beschreibungen erraten hat.

82 Wie gut ist Ihr Gedächtnis?

LERNZIEL:

Beschreiben

VERLAUF:

Teilen Sie einer Hälfte der Kursteilnehmer den Buchstaben A, der anderen Hälfte den Buchstaben B zu, und lassen Sie Zweiergruppen von je einem A und einem B bilden. Bitten Sie die Lerner A, ihre Augen zu schließen und den Kopf auf ihre Arme auf den Tisch zu legen. Nun sollen sie versuchen, ihren Partner B aus dem Gedächtnis so genau wie möglich zu beschreiben. B kann helfen, indem er/sie Fragen stellt und Kommentare gibt.

Wenn Sie genügend Zeit zur Verfügung haben, bitten Sie nun die Lerner B, ihrerseits die Augen zu schließen und den Unterrichtsraum zu beschreiben. A sollte antworten, aber die Angaben von B weder bestätigen noch zurückweisen.

VARIANTE 1:

Bitten Sie alle Teilnehmer, sich genau zu vergegenwärtigen, was man vom Eingang des Unterrichtsgebäudes aus sehen kann. Ermuntern Sie sie zu unterschiedlichen Äußerungen.

VARIANTE 2:

Knüpfen Sie an eine Erfahrung an, die alle gemeinsam haben, z.B. ein Schulfest, die Anmeldung für den Kurs oder die ersten 5 Minuten der Unterrichtsstunde. Es geht darum herauszufinden, wie gut die Teilnehmer sich an Einzelheiten erinnern können. Die Aufgabe besteht darin, die Situation möglichst detailliert zu rekonstruieren, z.B. wie die Leute aussahen, was sie gesagt und getan haben, wie die Umgebung aussah und was sich in welcher Reihenfolge abgespielt hat.

VI. Wer fragt, weiß mehr

83 Neugierige Fragen

LERNZIEL:

Fragen stellen

VERLAUF:

Wählen Sie aus dem Lehrbuch einen Satz aus, der eine Behauptung enthält. Diese kann richtig, falsch, ernsthaft, scherzhaft oder auch absurd sein. Sie können den Satz auch frei erfinden, z.B: *La luna está hecha de queso verde.*
Nun bitten Sie die Lerner, möglichst viele Fragen zu diesem Satz zu stellen, hier einige Beispiele:
¿Es verde claro o verde botella?
¿Qué tipo de queso es?
¿Por qué es de queso?
¿Siempre ha sido así? etc.

VARIANTE:

Wenn genügend Zeit vorhanden ist, können die Lerner versuchen, auf die eine oder andere Frage eine Antwort zu finden.

84 Unterbrechen Sie die Geschichte

LERNZIEL:

Hörverstehen und Fragen stellen

VERLAUF:

Kündigen Sie an, daß Sie nun eine Geschichte erzählen werden und daß die Lerner Sie so oft und schnell wie möglich durch Fragen unterbrechen sollen, z.B.:

Sie:	*El otro día ...*
Lerner/in A:	*¿Qué día?*
Sie:	*El martes...*
Lerner/in B:	*¿Por la mañana o por la tarde?*
Sie:	*Por la tarde. Bueno, el otro día, entonces, fui...*
Lerner/in C:	*¿A qué hora?* etc.

85 Welche Geschichte steckt dahinter?

LERNZIEL:

Fragen stellen und beantworten

VERLAUF:

Zeigen Sie den Kursteilnehmern einen Gegenstand, den Sie bei sich haben, z.B. ein Taschenmesser, einen Armreif, Ihre Jacke. Erzählen Sie etwas über den Gegenstand, und ermuntern Sie die Lerner, Ihnen Fragen über den Gegenstand, seine Bedeutung und seine Geschichte zu stellen. Fragen Sie anschließend einzelne Kursteilnehmer, ob sie nicht auch eine Geschichte über irgendeinen ihrer Gebrauchsgegenstände erzählen möchten.

86 Ratespiel mit Wörtern

LERNZIEL:

Wortschatz; Fragen stellen

VERLAUF:

Denken Sie sich einen Gegenstand, ein Tier oder eine Person aus und sagen Sie den Lernern, welcher dieser drei Kategorien Ihr Begriff angehört. Die Lerner versuchen, ihn zu erraten, indem sie Fragen stellen, die von Ihnen mit *sí* oder *no* beantwortet werden können. Nur wenn das Fragen ins Stocken gerät, geben Sie Hinweise, die das Raten erleichtern. Hier ein Beispiel:
Ihr Wort ist *perro*. Sie sagen den Lernern: *Se trata de un animal.*
Die Lerner mögen dann Fragen stellen wie:
¿Vive en el bosque?/¿Vuela?/¿Come carne?/ ¿Vive también en la ciudad?/¿Es un animal fiel?/¿Muerde?

VARIANTEN:

Anstatt zu sagen, welcher oben angegebenen Kategorie der zu ratende Begriff angehört, können Sie auch andere Hinweise geben, z.B.
– ob es sich um ein Tier, eine Pflanze oder ein Mineral handelt;
– welche Farbe oder Größe es hat;
– ob Sie es mögen oder nicht;
– mit welchem Buchstaben das Wort beginnt; etc.
Möglicherweise empfiehlt es sich, die Fragen auf 10 bis 20 zu beschränken.

87 Verbotene Antworten

LERNZIEL:

Entscheidungsfragen stellen, Antworten geben

VERLAUF:

Ein Lerner – der sich freiwillig meldet – stellt sich vor die Gruppe, die ihn mit Ja-/Nein-Fragen bombardiert. Der Interviewte antwortet wahrheitsgemäß, ohne die Wörter *sí* und *no* zu gebrauchen. Vielmehr wird er Ausdrücke verwenden wie:
¡Ni soñarlo!
Además de verdad.
¡Y cómo!
¡Por supuesto!
Exactamente así./Eso.
Er kann aber auch die Antwort verweigern und sagen:
Otra vez te lo cuento.
¿Por qué eres tan curioso/a?
Eso a ti no te importa.
Wenn es dem Interviewten gelingt, auf jede Frage mit einer passenden Äußerung zu reagieren, hat er gewonnen. Das Interview sollte nicht länger als drei bis fünf Minuten dauern.

VARIANTE:

Die Gruppe wird in zwei Teams geteilt. Ein Mitglied der Gruppe A beantwortet Fragen der Gruppe B. Dann wird gewechselt: Ein Teilnehmer der Gruppe B beantwortet die Fragen, die die Gruppe A an ihn stellt. Stoppen Sie genau die Zeiten. Es gewinnt das Team, dessen Interviewter am längsten durchhält, die „verbotenen" Wörter zu vermeiden.

88 Fragen, die ich gerne stellen würde ...

LERNZIEL:

Fragen stellen, Informationen austauschen, andere Kursteilnehmer besser kennenlernen

VERLAUF:

Bitten Sie die Lerner, drei oder vier Punkte aufzulisten, die sie gerne von einer bestimmten Person beantwortet hätten. Dabei kann es sich um eine bekannte Persönlichkeit handeln oder aber um eine neue, interessante Bekanntschaft. Die Lerner bilden dann Paare, wobei jeder Partner jeweils die Anmerkungen des anderen Partners zum Ausgangspunkt nimmt, um die entsprechenden Fragen an ihn zu stellen.

VARIANTE:

Wenn in Gruppen gearbeitet wird, können die Lerner die Fragen auswählen, die sie gerne an die anderen Kursteilnehmer stellen möchten. In diesem Fall sucht sich jeder Teilnehmer reihum eine ihn interessierende Frage aus, die er an alle anderen richtet.

89 Interview mit einer interessanten Person

LERNZIEL:

Fragen stellen, ein Interview führen

VERLAUF:

Geben Sie vor, eine berühmte Persönlichkeit zu sein (ein Sänger oder Schauspieler, eine lokale Größe oder literarische Figur), ohne jedoch zu sagen, wen Sie darstellen. Ermuntern Sie die Lerner, Fragen zu stellen, um Ihre Identität zu enthüllen. Tun Sie so, als hielten Sie eine Pressekonferenz ab, bei der die Lerner sich in der Rolle der fragenden Journalisten befinden. Natürlich müssen Ihre Antworten so überzeugend wie möglich sein.
Wenn die Lerner herausgefunden haben, welche Person Sie verkörpern, übernimmt eine/r der Kursteilnehmer/innen die Rolle einer prominenten Person und sucht sich eine fremde Identität.

VARIANTE:

Anstatt in eine fremde Rolle zu schlüpfen, können Sie auch als „Sie selber" eine Pressekonferenz abhalten. Es sollte aber einen interessanten Anhaltspunkt geben, zu dem die Kursteilnehmer Sie befragen. Dieser kann auf Tatsachen beruhen (ein Hobby oder ein besonderes Erlebnis) oder aber der Phantasie entspringen: Sie halten ein Krokodil als Haustier oder haben gerade ein Jahr auf einer einsamen Insel gelebt oder werden demnächst einen Abend mit einer berühmten Persönlichkeit verbringen.
Oft führen die Antworten zu weiteren Fragen, und ein interessantes, nicht ganz ernst gemeintes Interview entwickelt sich lebhaft weiter.

Hinweis:
Es empfiehlt sich, den Kursteilnehmern vorab ein paar Minuten Zeit zu geben, damit sie sich ihre Fragen zurechtlegen können.

90 Das *alter ego*

LERNZIEL:

Interviews

VERLAUF:

Sagen Sie den Lernern, daß Sie ihnen einige Fragen stellen werden und daß sie sich dabei vorstellen sollen, die Person zu sein, die sie immer schon gerne hätten sein wollen.
Geben Sie dann den Lernern eine Minute Zeit, damit sie sich auf dieses neue „Selbstbild" einstellen können. Sie können dies sowohl auf ernsthafte Weise machen als auch in mehr spaßhafter Form.
Stellen Sie dann die Fragen, die Sie der nachstehenden BOX entnehmen können. Die Antworten richten die Lerner nicht an Sie bzw. an das Plenum, sondern jeweils an den Nachbarn.

VARIANTE 1:

Die Fragen werden von den Lernern gestellt und entweder an den Nachbarn oder an die ganze Gruppe gerichtet. Die Antworten richten sich an den Nachbarn, an eine Kleingruppe oder an die ganze Gruppe.

VARIANTE 2:

Wenn Sie glauben, daß es die Lerner interessiert, können Sie ihnen helfen, dieses *alter ego* weiter zu entwickeln und in späteren Übungsaktivitäten wieder aufzugreifen. Beispielsweise können Sie eine aktuelle Meldung aus der Presse erwähnen und fragen, wie das *alter ego* jedes einzelnen Lerners darauf reagieren würde.

VARIANTE 3:

Die Lerner nehmen die Rolle einer Person an, die das absolute Gegenteil ihrer selbst darstellt. Dabei kann eine ziemlich „normale" Person die Rolle eines „verrückten Kerls" annehmen oder eine sehr warmherzige Persönlichkeit einen knallharten Typ spielen.

Das *alter ego*

1. ¿Eres una mujer o un hombre?
2. ¿Cuántos años tienes?
3. ¿Cómo te llamas?
4. ¿A qué te dedicas?
5. ¿Si tuvieras 100 millones de pesetas qué harías?
6. ¿Qué esperas de la vida?
7. ¿Qué es lo que más te preocupa?
8. ¿Cuáles son los problemas a los que más tiempo dedicas?
9. ¿Qué te haría feliz?
10. ¿Qué tipo de relación tienes con el resto de la clase?

---

91 Wichtige Personen

LERNZIEL:

Diskutieren, Personen in ihrem Aussehen und Wesen beschreiben

VERLAUF:

Bitten Sie die Lerner, zu zweit oder in Kleingruppen über eine Person (oder mehrere) zu sprechen, die sie in ihrem Leben stark beeinflußt hat, und die Gründe dafür zu nennen.

92 Quizfragen

LERNZIEL:

Hörverstehen, freies Sprechen

VERLAUF:

Laden Sie die Lerner ein, auf die Fragen zu antworten, wenn sie möchten bzw. ihre Vermutungen zu äußern. Die genaue Antwort können sie anschließend von Ihnen erfahren (Vgl. nachstehende Lösungen).

Wenn es sich um Vermutungen handelt, können die Antworten mit *Pienso que...*, *A mí me parece que...*, *No creo que (+ Subj.)*, *Por lo que yo sé...*, *Si recuerdo bien...*, *Si no me equivoco...*, (*+Futuro de probabilidad*), *Imagino que (+ Futuro)* etc. eingeleitet werden.

VARIANTE 1:

Bieten Sie den Lernern als Hausaufgabe an, bis zum nächsten Mal drei Wissensfragen mit Antworten schriftlich zu formulieren und dabei anzugeben, woher die Informationen stammen. Sammeln Sie in der nächsten Stunde alle Fragen und Antworten ein, und verwenden Sie sie zusätzlich zu den Quizfragen auf Seite 96.

VARIANTE 2:

Teilen Sie die Klasse in Vierer-Gruppen. Stellen Sie die Fragen und geben Sie den Gruppen genau 45 Sekunden Zeit, um über eine Frage zu sprechen und sich über die Antwort zu einigen. Dann trägt jede Gruppe ihre Antwort vor; zuletzt geben Sie – oder ein/e von Ihnen als Quizmaster bestellte/r Lerner/in – die richtige Antwort an.

Hier die Lösungen der Quizfragen:

1. En Tenerife.
2. 3718 metros. Es el pico más alto de España.
3. Montevideo.
4. El elefante africano tiene las orejas más grandes y las patas posteriores más cortas.
5. En Barcelona (España).
6. El español y el inglés.
7. Azul celeste, blanco, azul celeste.
8. El rojo.
9. Amazonas, 6400 km, y Nilo, 6671km.
10. En Venezuela; es el Salto del Ángelo.
11. Famoso cantante argentino y compositor de tangos.
12. Río de la Plata.
13. Cristóbal Colón (1492).
14. Miguel de Cervantes (1547-1616).
15. En Madrid es la una de la tarde.
16. En Málaga (España).
17. Gabriel García Márquez.
18. En Andalucía (España).
19. 100°C.
20. En Madrid.
21. No, porque Paraguay se encuentra en el interior del continente americano.
22. Presidente de Chile (1970-1973).
23. Oro: 2,900°; plata: 2,210°; plomo: 1,740°.
24. En 1975.
25. El premio Nobel de la Paz.
26. Entre Perú y Bolivia.
27. En Argentina.
28. Una cantante argentina.
29. Son el vasco, el catalán, el gallego y el castellano.
30. En Santiago de Compostela (La Coruña, España).
31. De mayor a menor número de habitantes: Madrid (4.000.000); Barcelona (1.755.000); Valencia (752.000) y Sevilla (654.000).
32. Organización de las Naciones Unidas (en alemán: UNO).
33. En México.
34. El 31 de diciembre para celebrar la entrada del nuevo año.
35. Por sus películas. Es un director de cine español.

Quizfragen

1. ¿Dónde está el Teide?
2. ¿Qué altitud tiene?
3. ¿Cómo se llama la capital de Uruguay?
4. ¿Qué diferencia hay entre un elefante indio y uno africano?
5. ¿Dónde está La Sagrada Familia de Gaudí, en qué país y en qué ciudad?
6. ¿Cuál es la lengua oficial de Puerto Rico?
7. ¿Cuáles son los colores de la bandera argentina?
8. ¿Qué color se mezcla con el azul para obtener el violeta?
9. ¿Cuál es el río más largo del mundo?
10. ¿Dónde está la catarata más grande del mundo?
11. ¿Quién fue Carlos Gardel?
12. ¿Buenos Aires está a orillas del...?
13. ¿Quién descubrió América?
14. ¿Quién escribió el „Quijote"?
15. ¿Qué hora es en Madrid cuando son las siete de la mañana en Bogotá?
16. ¿Dónde nació Picasso?
17. ¿Quién escribió „Cien años de Soledad"?
18. ¿Dónde está Sevilla?
19. ¿Cuál es el punto de ebullición del agua?
20. ¿En qué ciudad está el aeropuerto de Barajas?
21. ¿Se puede ir en barco a Paraguay?
22. ¿Quién fue Salvador Allende?
23. ¿Qué metal se funde a mayor temperatura: el oro, la plata o el plomo?
24. ¿En qué año subió al trono el rey Juan Carlos I de España?
25. ¿Qué premio recibió Rigoberta Menchú en 1992?
26. ¿Entre qué países está el lago Titicaca?
27. ¿Dónde está la Patagonia?
28. ¿Quién es Mercedes Sosa?
29. ¿Cuál o cuáles son las lenguas oficiales de España?
30. ¿Dónde finaliza el Camino de Santiago?
31. Ordene de mayor a menor las siguientes ciudades españolas: Valencia, Barcelona, Sevilla y Madrid.
32. ¿Qué significan las siglas españolas ONU?
33. ¿Dónde está la playa de Cancún?
34. ¿Qué día del año toman los españoles doce uvas a las 12 de la noche?
35. ¿Por qué es conocido Pedro Almodóvar?

© Ernst Klett Verlag für Wissen und Bildung GmbH, Stuttgart 1994. Alle Rechte vorbehalten. (Vervielfältigungen zum Unterrichtsgebrauch gestattet.)

93 Wahrheit und Lüge

LERNZIEL:

Hörverstehen, Meinungsäußerung

VERLAUF:

Bitten Sie die Lerner, eine wahre oder falsche Aussage aufzuschreiben. Wählen Sie zehn Lerner aus, die der Reihe nach ihre Sätze vorlesen. Die übrigen Kursteilnehmer – einschließlich der neun Personen, die gerade nicht mit dem Vorlesen an der Reihe sind – notieren den Namen des jeweiligen Sprechers, hören aufmerksam zu und markieren mit einem Kreuz oder anderen Zeichen, ob der jeweils vorgetragene Satz ihrer Ansicht nach der Wahrheit entspricht oder nicht.
Nachdem die zehn Sätze vorgetragen wurden, vergleichen Sie die Antworten und bitten die Lerner zu sagen, welche Sätze nun wirklich wahr und welche falsch waren.

Hinweis:
Um Streitigkeiten zu vermeiden, können Sie zur Bedingung machen, daß sich die Aussagen auf nachprüfbare Tatsachen beziehen müssen, z.B. den jährlichen Niederschlag an einem bestimmten Ort oder die Ausstrahlung eines bestimmten Films im Fernsehprogramm desselben Abends. Zu viele nicht nachprüfbare Behauptungen führen zu Frustration und zum Abbruch der Übung. Wenn die Behauptungen sich auf den Unterricht oder Unterrichtsraum beziehen, kann es nicht zu Streitigkeiten kommen. Beispielsweise können Sie die Lerner bitten, richtige oder falsche Aussagen in bezug auf ein Bild zu machen, das im Gruppenraum hängt, oder in bezug auf einen Text, der vor kurzem durchgenommen wurde.

94 Lüge oder Wahrheit?

LERNZIEL:

Hörverstehen, Meinungsäußerung

VERLAUF:

Erzählen Sie von einem eigenen Erlebnis oder Vorhaben, aber lassen Sie einige erfundene Elemente in die Erzählung einfließen. Hier ist ein Beispiel, das auf der Absicht beruht, am Abend mit einem Freund Schach zu spielen. Beginnen Sie mit ernstem Gesicht, aber augenzwinkernd, zu erzählen:

¡Qué ganas tengo de que llegue esta noche! No se lo van a creer. Creo que todavía no les he dicho que juego al ajedrez. Soy muy conocida, tanto que vienen aficionados de todo el mundo para jugar conmigo. Ya sé que es difícil de creer. Hoy, por ejemplo, viene Boris Karpov, el gran maestro ruso. Desde luego será una partida muy complicada pero...

Mit der Zeit werden die Lerner (wenn sie es nicht bereits getan haben!) zum Ausdruck bringen, daß sie Ihnen nicht glauben. Geben Sie zu, ein wenig übertrieben zu haben, und fragen Sie, welche Teile der Erzählung nach Meinung der Lerner denn wohl der Wahrheit entsprechen.

VARIANTE:

Bilden Sie Vierer- oder Fünfergruppen. Die Lerner erzählen reihum eine Geschichte, die entweder wahr ist, aber erfundene Elemente enthält, oder wahr, aber sehr unwahrscheinlich, oder gänzlich erfunden. Die anderen hören zu und sagen, welche Elemente – wenn überhaupt – ihrer Meinung nach erfunden sind.

VII. Einander kennenlernen

95 Zahlen meines Lebens

LERNZIEL:

Informationen erfragen und erteilen; Zahlen

VERLAUF:

Lassen Sie einen Lerner bzw. eine Lernerin etwa zwölf Zahlen zwischen 1 und 40 an die Tafel schreiben. Die anderen schreiben mit. Daraufhin überlegen die Lerner – zunächst jeder und jede für sich –, welche dieser Zahlen in ihrem Leben eine Bedeutung haben oder hatten (z.B.: Hausnummer, Geburtstag, Alter eines Verwandten oder Freundes, Glückszahl etc.). Diese Zahlen streichen sie aus, wobei sie sich merken, welche Bedeutung sie jeder einzelnen Zahl gegeben haben. Hinsichtlich der verbleibenden Zahlen werden die anderen Kursteilnehmer befragt, ob sie damit etwas aus ihrem Leben verbinden können. Wenn die Antworten positiv ausfallen, können auch diese Zahlen nach und nach gestrichen werden. Aber die Lerner müssen sich merken, welche Zahl für wen welche Bedeutung hat. Wer zuerst alle Zahlen gestrichen hat, ruft BINGO und kommentiert jede einzelne Zahl. Wenn dies lückenlos gelingt und die anderen Lerner keine Fehler feststellen, hat er/sie gewonnen.

96 Vergleichen Sie sich untereinander!

LERNZIEL:

Einander kennenlernen; Vergleiche anstellen

VERLAUF:

Lassen Sie die Lerner in Paaren arbeiten und sich und andere vergleichen. Geben Sie einige Beispielsätze an und schreiben Sie sie gegebenenfalls an die Tafel:
Tú eres más alto que yo.
Karin tiene el pelo más corto que yo.

VARIANTE 1:

Wenn Sie die Interaktion stärker in den Mittelpunkt rücken möchten, stellen Sie die Aufgabe, nicht äußere Merkmale wie Größe und Haarfarbe zum Gegenstand des Vergleichs zu machen, sondern Fakten, die erfragt werden müssen:

Sandra sabe más idiomas que yo.
Peter es más joven que Werner.

VARIANTE 2:

Anstatt Vergleiche anzustellen, versuchen die Lerner zu ermitteln, was sie mit ihrem Gesprächspartner gemeinsam haben. Auch hierbei gelten äußerlich sichtbare Merkmale nicht. Anschließend berichten die Paare der Gruppe über die gefundenen Gemeinsamkeiten:
Los dos tocamos el piano.
A nosotros dos no nos gusta hacer deporte.

ERWEITERUNG:

Lassen Sie die Teilnehmer einige der gewonnenen Informationen im Plenum austauschen.

97 Einer nach dem anderen

LERNZIEL:

Fragen stellen; Kennenlernen

VERLAUF:

Bitten Sie zehn Lerner, nach vorne zu kommen. Fordern Sie sie auf, sich in der alphabetischen Reihenfolge ihrer Vornamen in eine Reihe zu stellen. Nachdem sie das getan haben, nennt jede/r zur Kontrolle seinen/ihren Namen (und wiederholt eventuell alle vorausgehenden).
Die anderen, die noch auf ihren Plätzen sind, können mitmachen, indem sie kommentieren oder korrigieren, was die Lerner vorne sagen und tun.

VARIANTE:

Bei dieser Aktivität geht es darum, eine Reihenfolge herzustellen, die durch gegenseitiges Befragen und Antworten ermittelt wird. Diese kann auch nach anderen Kriterien hergestellt werden:

- Aufstellen in der Reihenfolge der Geburtstage innerhalb des Jahres (Lernziel: Datum angeben)
- Aufstellen nach der geographischen Lage der Geburtsorte von Nord nach Süd (Lernziel: Herkunft erfragen)
- Aufstellen in der Reihenfolge der Uhrzeit, zu der sie normalerweise aufstehen oder zu Bett gehen (Lernziel: Uhrzeit, reflexive Verben).

98 Wer ...?

LERNZIEL:

Fragen stellen

VERLAUF:

Die Lerner haben eine Minute Zeit, um im Raum umherzugehen und nach einer Person zu suchen, die im selben Monat wie sie geboren wurde. Für jede gefundene Person gibt es einen Punkt. Dann suchen sie nach einer Person, die die gleiche Anzahl von Geschwistern hat. Stellen Sie je nach Zeit weitere Suchaufgaben. Am Ende wird verglichen, wieviele Punkte jede/r hat.

Wer..?

¿Quién
- nació en el mismo mes que usted?
- tiene el mismo número de hermanos que usted?
- tiene el mismo número de hermanas que usted?
- toma dos cosas iguales que usted para desayunar?
- tiene el mismo color favorito que usted?
- se ha levantado esta mañana a la misma hora que usted?
- practica el mismo deporte que usted?
- ha ido al cine las mismas veces que usted esta semana?
- ha venido a clase en el mismo medio de transporte que usted?
- bebió ayer para cenar lo mismo que usted?
- calza el mismo número que usted?
- tiene la misma talla que usted?

99 Lieblingswörter

LERNZIEL:

Wortschatzwiederholung, begründen

VERLAUF:

Schreiben Sie eines Ihrer Lieblingswörter an die Tafel. Sagen Sie den Lernern, daß es sich um eines Ihrer Lieblingswörter handelt, und erklären Sie, warum. Es kann viele Gründe dafür geben: weil es gut klingt, weil es sehr nützlich ist, weil es Sie an eine sympathische Person erinnert, an ein Erlebnis, einen Ort, etc.

Wenn Sie den Eindruck haben, die Lerner brauchen noch mehr Beispiele von Wörtern und Gründen, warum es Lieblingswörter sind, schreiben Sie noch ein oder zwei an die Tafel.

Die Lerner sollten anschließend ihre eigenen Lieblingswörter aufschreiben und die Gründe dafür mit ihrem Nachbarn/ihrer Nachbarin besprechen. Einige sind vielleicht bereit, ihr Lieblingswort an die Tafel zu schreiben und der Gruppe zu erklären, warum ihnen dieses Wort so gut gefällt.

100 Lieblingsdinge

LERNZIEL:

Sprechen, Vorlieben und Abneigungen äußern

VERLAUF:

Schreiben Sie fünf bis sechs Begriffe aus einem Bereich an die Tafel, z.B. Fernsehsendungen, Getränke, Farben, Politiker, Sportarten etc. Ordnen Sie jedem Begriff einen Buchstaben zu: A, B, C, etc. Zum Thema Freizeit können Sie z.B. angeben:

```
A. Fútbol      D. Ir de copas

B. Tenis       E. Leer

C. Cine        F. Música
```

Jede/r schreibt nun die Buchstaben in der Reihenfolge seiner/ihrer Vorlieben auf: Wer Lesen als Lieblingsbeschäftigung hat, schreibt also E an die erste Stelle der Liste. Anschließend vergleichen und besprechen die Lerner ihre Listen in Zweiergruppen.
Führen Sie zum Schluß eine Abstimmung durch, um herauszufinden, welches die Favoriten sind.

ERWEITERUNG:

Wenn Sie noch Zeit haben, diskutieren Sie die unterschiedlichen Vorlieben mit der ganzen Gruppe. Gibt es einen Konsens über die Favoriten?

101 Vorlieben und Abneigungen

LERNZIELE:

Diskutieren; Vorlieben und Abneigungen äußern; Fragen stellen

VERLAUF:

Bitten Sie die Lerner, drei Dinge aufzuschreiben, die sie mögen, und drei, die sie nicht mögen. Es steht ihnen frei, sich auf wichtige Dinge oder auf Kleinigkeiten zu beziehen, aber sie müssen wahrheitsgemäße Angaben machen.

Machen Sie selber auch mit. Lesen Sie einen Punkt auf Ihrer Liste vor, und fügen Sie eine kurze Information hinzu, z.B.:
No me gusta el ruido, sobre todo por la noche. Durante el día, no me molesta tanto.
Die Lerner sind aufgefordert, Ihnen Fragen zu stellen; anschließend tragen sie ihre eigenen Vorlieben und Abneigungen vor.

VARIANTE:

In Partnerarbeit lesen sich die Lerner gegenseitig reihum ihre Stichworte vor und sprechen darüber.

102 Ich wäre gern eine Giraffe

LERNZIEL:

Fragen stellen, diskutieren, Vorlieben äußern

VERLAUF:

Schreiben Sie folgende Wörter an die Tafel:

lago   cascada   río   océano

Bitten Sie die Lerner, sich zu überlegen, ob sie lieber *un lago, una cascada, un río* oder *un océano* wären, und ihre Entscheidung ihrem Nachbarn/ihrer Nachbarin mitzuteilen. Diese/r stellt weiterführende Fragen, z.B. *¿Es una cascada muy alta?* oder *¿El lago está en la llanura o en la montaña?* oder *¿Hasta qué punto el océano es un reflejo de tu carácter?*

Weitere Beispiele finden Sie in der BOX.

Ich wäre gern eine Giraffe

jirafa – perro – gato – león
sol – luna – estrella – cometa
vaso – plato – taza – copa
Roma – Nueva York – Madrid – Berlín
autopista – carretera – paseo – calleja
sombrero – zapato – chaqueta – bufanda
naranja – verde – marrón – lila
manzana – plátano – patata – tomate
árbol – flor – verdura – hierba
cabeza – dedo – pierna – brazo

VIII. Diskutieren und Argumentieren

103 Was ist gerade passiert?

LERNZIEL:
Ausrufe situativ einordnen; Gebrauch des *pretérito perfecto*

VERLAUF:
Schreiben Sie eine Reihe von Ausrufen – aber nicht mehr als etwa 10 – an die Tafel (eine Auswahl finden Sie in der BOX). Zu zweit oder in Kleingruppen wählen die Lerner einen der Ausdrücke aus und überlegen sich, welches Ereignis oder welche Situation den Sprecher zu dieser Äußerung bewogen hat. Bitten Sie die Lerner, eine kurze schriftliche Beschreibung des Ereignisses zu geben und dabei das Perfekt zu verwenden.

Zum Beispiel könnte jemand ¿*Qué?* wählen und schreiben:
Alguien no ha entendido bien algo que le han dicho.

Bitten Sie die Lerner danach, einen anderen Ausdruck zu wählen und damit in gleicher Weise zu verfahren. Nach zwei Minuten fordern Sie sie auf, ihre Sätze vorzulesen, ohne jedoch anzugeben, auf welchen Ausdruck sie sich beziehen; der Rest der Gruppe rät, welcher der Ausrufe in der beschriebenen Situation wohl gebraucht worden sein könnte.

Was ist gerade passiert?

¡Oh!	¡Ay!	Claro, por supuesto.
Lo siento.	Lo siento.	Bienvenido.
¡Jamás!	¡Estupendo!	Mucha suerte.
No te preocupes.	Muchísimas gracias.	¡No me digas!
No hay de que.	De acuerdo.	¡Enhorabuena!
Adiós.	¡Qué pena!	¡Ajá!

104 Worum geht es eigentlich?

LERNZIEL:

Freies Sprechen (textgesteuert)

VERLAUF:

Schreiben Sie einen Satz in direkter Rede an die Tafel. Diese Äußerung stellt einen Ausschnitt aus einem Gespräch dar, dessen Zusammenhang nicht bekannt ist. Die Lerner versuchen zu ergründen, worüber gesprochen wird und um welche konkrete Situation es sich handelt. Sie versuchen, sich auch vorzustellen, was für eine Person der/die Sprecher/in ist, wie seine/ihre Beziehung zum/zur Gesprächspartner/in ist, etc.

Sie können entweder von einer „richtigen" Lösung ausgehen, oder Sie versuchen, mit der Gruppe eine gemeinsame Lösung zu finden. Sie können aber auch so viele Lösungen wie möglich finden lassen.

VARIANTE:

Die von den Lernern vorgeschlagenen Lösungen können szenisch dargestellt werden: Die Lerner legen die jeweilige Situation fest und spielen den Dialog, in dem der betreffende Satz vorkommt.

Worum geht es eigentlich?

1. Yo que tú no lo dudaría. Una ocasión así no se presenta dos veces.
2. ¡Esto es una vergüenza! ¡Vamos a preguntar si nos devuelven el dinero!
3. Entonces, tú no puedes. Bueno, vamos a ver como lo solucionamos.
4. Es demasiado grande, no podemos meterlo.
5. No me atrevo solo. ¿Me puedes dar la mano?
6. A mí no me convence mucho, pero si tú quieres, hazlo.
7. Después de lo que me ha dicho Juan ya no tengo ganas.
8. Hemos llegado en el momento justo. Un minuto más y...
9. Debías haberlo pensado antes. Ahora ya es demasiado tarde.
10. ¡Qué sorpresa! ¡Quién lo hubiera pensado!

105 Streitgespräche

LERNZIEL:

Ausdrucksvolle Minidialoge, Widerspruch äußern

VERLAUF:

Wählen Sie einen Minidialog bestehend aus zwei kurzen Sätzen, in denen ein Widerspruch geäußert wird. Zum Beispiel:
Dentro de poco va a llover.
Seguro que no.
Bitten Sie zwei freiwillige Kursteilnehmer, diesen Dialog als Streitgespräch zu führen; sie dürfen dabei keine anderen als die vorgegebenen Wörter verwenden, sollen aber in ihrer Mimik, Gestik und Intonation nachdrücklich versuchen, den anderen zu überzeugen. Wer zuerst nachgibt, hat verloren.

Sie können einen Text aus dem Lehrbuch als Grundlage für diesen Minidialog verwenden und damit zugleich Wortschatz oder Grammatik wiederholen.
Weitere Streitgespräche finden Sie in der BOX.

ERWEITERUNG:

Gestatten Sie den Lernern, die Dialoge zu erweitern, zu variieren oder fortzusetzen, und dehnen Sie die Übung zu einem Rollenspiel aus. Im oben genannten Dialog könnten die Gesprächspartner erläutern, warum sie sich so für das Wetter interessieren – planen sie einen Spaziergang oder ein Picknick? – und die Diskussion darüber fortsetzen, warum sie glauben, daß es regnen bzw. nicht regnen wird, und welche Konsequenzen das für sie hat.

VARIANTE:

Die Dialoge können auch als Diskussionsgrundlage für Aktivität 104 eingesetzt werden.

Streitgespräche

1. Yo creo que tienes que decírselo. No, no. Me van a matar.
2. Hace frío. ¿No quieres entrar? No, estoy muy bien aquí
3. Acabo de pasar unas vacaciones maravillosas, de verdad. ¿Ah sí? Pues no tienes cara de eso.
4. Te digo que no. ¿Pero por qué? Eso no es justo.
5. Se nos hace tarde, no tenemos tiempo. Vamos. ¡Pero si todavía no he desayunado!
6. No quiero escuchar ninguna excusa. Está despedido. Escuche, puedo explicarlo. Déjeme explicarlo, por favor.

106 So hat sie es gesagt

LERNZIEL:

Intonation und Aussprache

VERLAUF:

Nennen Sie einen kurzen Ausdruck oder Satz und bitten Sie die Lerner, ihn auf möglichst viele verschiedene Arten auszusprechen. Erörtern Sie gemeinsam, wie sich die Bedeutung mit der jeweiligen Intonation ändert oder in welcher Situation der Ausdruck mit dieser Intonation wohl gesagt worden ist. Beispiele finden Sie in der BOX.

Intonation

1. Te quiero.
2. ¡Oh!
3. ¡Hola!
4. Buenos días.
5. Bueno.
6. ¡Anda!
7. ¡Venga!
8. ¡Por favor!
9. Sí./No.
10. No me digas.

107 Sind Sie damit einverstanden?

LERNZIEL:

Verschiedene Meinungen vertreten und diskutieren

VERLAUF:

Schreiben Sie zwei oder drei umstrittene Äußerungen (einige Beispiele finden Sie in der nachstehenden BOX) oder Sprichwörter (siehe BOX zu Nr. 108) an die Tafel. Die Lerner notieren diese Sätze und vermerken daneben, ob sie damit einverstanden sind oder nicht, oder ob sie dazu keine Meinung haben (*Estoy/No estoy de acuerdo, no tengo opinión al respecto*). Daraufhin vergleichen sie ihre Standpunkte in Kleingruppen. Wenn genügend Zeit vorhanden ist, kann auch das eine oder andere Statement im Plenum diskutiert werden.

Meinungen

1. La belleza es una cuestión de gusto.
2. Cada pueblo tiene el gobierno que se merece.
3. El hombre es egoísta por naturaleza.
4. Se debería legalizar el consumo de drogas.
5. Para combatir el paro hay que aumentar el consumo.
6. La velocidad límite en autopistas debería ser de 120 km./h.

108 Sprichwörter

LERNZIEL:

Spanische Sprichwörter lernen und wiederholen

VERLAUF:

Schreiben Sie ein spanisches Sprichwort an die Tafel (siehe nachstehende BOX), diskutieren Sie mit den Lernern seine Bedeutung, und lassen Sie sie ein deutsches Äquivalent finden.

VARIANTE 1:

Diktieren Sie zwei Sprichwörter, die einander zu widersprechen scheinen. Versuchen Sie, gemeinsam mit den Lernern Situationen zu finden oder Erfahrungen mitzuteilen, die zeigen, daß beide Sprichwörter Gültigkeit haben können.

VARIANTE 2:

Geben Sie jedem/r Lerner/in eine Liste von ca. 10 Sprichwörtern, und lassen Sie ihn/sie eines auswählen, das er/sie als ein ganz persönliches Motto verstehen könnte.

Sprichwörter

1. De tal palo, tal astilla.
2. A caballo regalado no le mires el diente.
3. Bicho malo nunca muere.
4. A quien madruga Dios le ayuda.
5. No por mucho madrugar amanece más temprano.
6. No hay mal que por bien no venga.
7. Ojos que no ven, corazón que no siente.
8. Antes se pilla a un mentiroso que a un cojo.
9. Desgraciado en el juego, afortunado en amores.
10. Lo que puedas hacer hoy no lo dejes para mañana.
11. Quien mucho abarca poco aprieta.
12. En el país de los ciegos el tuerto es el rey.
13. Dime con quién andas y te diré quién eres.
14. A buen entendedor con pocas palabras le bastan.
15. Las desgracias nunca vienen solas.
16. Obras son amores y no buenas razones.
17. Cuando el río suena agua lleva.
18. Más vale tarde que nunca.
19. No es oro todo lo que reluce.
20. No hay humo sin fuego.

109 Das will ich haben

LERNZIEL:

Diskutieren; phantasievoll argumentieren

VERLAUF:

Sagen Sie den Lernern, daß Sie etwas zu verschenken haben und daß derjenige den Gegenstand bekommt, der die besten Gründe dafür vorbringt, warum er ihn unbedingt braucht. Der Gegenstand kann etwas tatsächlich Erstrebenswertes sein (z.B. ein neues Auto oder ein Wintermantel) oder etwas ganz anderes (ein Krokodilbaby oder ein Stein), so daß die Lerner wirklich ihre Phantasie anstrengen müssen, um Gründe zu finden, warum man diese Dinge benötigen könnte. In der BOX finden Sie weitere Anregungen. Sie können auch die Dinge verwenden, die Sie gerade in der Tasche haben.

VARIANTE:

Wenn Sie etwas mehr Zeit zur Verfügung haben, können Sie diese Aktivität als Spiel mit zwei Gruppen durchführen. Jedes Team sollte bei jedem Gegenstand so viele Gründe wie möglich angeben, warum man ihn unbedingt braucht. Sie entscheiden darüber, welches der überzeugendste Grund ist.

Wenn die Zeit überschritten ist oder die Lerner genug davon haben, zählen Sie, welches Team die meisten Gewinne hat.

Das will ich haben

un coche
una radio
una bicicleta
una pulsera de oro
un barco de vela
un televisor
un abrigo
una caja de bombones
un frasco de perfume
una cadena
una mecedora
una botella de vino

... und das auch!

una bolsa de papel
un periódico viejo
un billete caducado
un hueso
un sobre usado
un cocodrilo bebé
una pluma
un zapato suelto
una lata vacía
una piedra
un trocito de hilo
un kilo de basura

110 Eisschränke an Eskimos verkaufen

LERNZIEL:

Hörverstehen, freies Sprechen

VORBEREITUNG:

Sie benötigen die Abbildung eines Gegenstands.

VERLAUF:

Händigen Sie die Abbildung einem/r Lerner/in aus. Beauftragen Sie ihn/sie, den Gegenstand an die Gruppe zu verkaufen, und gute Argumente vorzubringen, warum die anderen diesen Gegenstand unbedingt brauchen. Diese Aktivität kann ernsthaft oder humorvoll durchgeführt werden. Zum Beispiel kann ein/e Lerner/in ein Bild von einer Strickmaschine halten und sagen:
Después de un día muy ajetreado, estamos cansados. Generalmente lo que solemos hacer es ver la tele o ir de copas con algunos amigos. Pero si vamos de copas todas las noches, gastamos mucho dinero. ¡Hacer punto es la solución! Hacer punto descansa. Podemos regalar los jerseys que hacemos a nuestros amigos o podemos venderlos. Así descansamos, desarrollamos nuestra creatividad y, además, ganamos dinero. ¿Quién quiere una tricotosa?

Die übrige Gruppe entscheidet darüber, ob das Verkaufsgespräch überzeugend war oder nicht.

VARIANTE 1:

Verwenden Sie als Stimulus statt eines Bildes nur die Bezeichnung für den zu verkaufenden Gegenstand.

VARIANTE 2:

Zeichnen Sie die Verkaufsgespräche auf Cassette auf und analysieren Sie die Gespräche im Anschluß gemeinsam mit den Lernern.

111 Wörterbuch-Orakel

LERNZIEL:

Freie Sprachproduktion, Wörterbuchbenutzung

VERLAUF:

Stellen Sie mindestens ein Exemplar eines einsprachigen spanischen Wörterbuchs bereit. Bitten Sie die Lerner, einige Probleme des täglichen Lebens – die sie aus eigener Erfahrung kennen – an die Tafel zu schreiben. Zum Beispiel:

Llegar con el sueldo a fin de mes.
El roce diario con una persona difícil.
Problemas de salud.
El niño que no quiere estudiar. Etc.

Legen Sie nun das Wörterbuch auf den Tisch, und bitten Sie einen Lerner, es mit geschlossenen Augen auf irgendeiner Seite aufzuschlagen und mit dem Zeigefinger an irgendeine Stelle zu tippen. Nun öffnet der Lerner die Augen und liest den Eintrag vor, auf den sein Finger zeigt, z.B.

> **pa·ta·ta** [patáta] *s/f* **1.** Planta anual solanácea, cuya raíz produce tubérculos redondeados, básico en la alimentación actual. **2.** Cada uno de esos tubérculos.
> SIN Papa.

(aus: Gran Diccionario de la lengua española, SGEL/Klett 1985)

Jetzt ist es Aufgabe der anderen Teilnehmer, angeregt durch das Stichwort bzw. durch seine Definition, einen Rat zu geben, um beispielsweise das Problem *llegar con el sueldo a fin de mes* zu lösen. Ein Lerner kann beispielsweise vorschlagen: *No lo pienses más, come patatas, son baratas.* Oder: *Lo que tienes que hacer es poner una verdulería. Patatas se necesitan siempre. Es un negocio seguro.*

Ein anderer Lerner könnte hingegegen auf folgende Idee kommen: *Ponte a vender patatas en un puesto ambulante.*

VARIANTE 1:

Wenn Sie genügend Wörterbücher zur Verfügung haben, lassen Sie die Lerner in Kleingruppen arbeiten, wobei zuerst die (persönlichen) Probleme der Gruppenmitglieder aufgeschrieben und dann die Ratschläge erteilt und diskutiert werden.

VARIANTE 2:

Gegebenenfalls kann auch ein Wörterbuch mit Sprichwörtern oder Redewendungen verwendet werden.

REGISTER

Die Zahlen beziehen sich auf die Nummer der jeweiligen Aktivität.
Var. = Variante
Erw. = Erweiterung

Abneigung äußern: 100; 101
Adjektive: 19; 20; 25; 52; 72
Adverbien: 48
Anfängerunterricht: 1; 2
Antonyme: 17; 21; 51
Argumentieren: 107; 109; 110; 111
Assoziieren: 9; 10; 11; 68; 70
Ausrufe: 103
Aussprache: 2; 21(Var.); 106
Bedingungssatz: 57; 58
Begriffe ordnen: 100
Begründen: 19; 29; 99; 109
Berufsbezeichnungen: 11
Beschreiben: 27; 65(Var.4); 66; 67; 74; 76; 77; 78; 79; 81; 82; 91
Brainstorming: 9
Buchstabieren: 3; 5
Definieren: 15; 21; 22; 23; 24
Diktat: 26; 31(Var.); 47; 76; 108(Var.1)
Diskutieren: 12; 91; 94; 100(Erw.); 101; 102; 105; 107; 108; 109; 111(Var.1)
Entspannung: 74
Erzählen: 42; 71; 72(Erw.); 73; 94
Eselsbrücken: 7
estar + Gerundium: 49; 78
Fehler korrigieren: 13; 43; 44
Fragen stellen bzw. beantworten: 20(Var.4); 49; 53; 58; 59; 65(Var.3); 82; 83; 84; 85; 86; 87; 88; 89; 90; 92; 95; 96(Var.1); 97; 98; 101; 102
Freies Sprechen: 67; 68; 70; 71; 72; 73; 74; 92; 104; 110; 111
Futur: 70
Gegensatzpaare: 17
Gerundium: 65
Grammatik: 31; 32; 34; 43; 44; 45; 53; 54; 55; 56; 57; 58; 59; 65; 70; 71; 78; 96; 105
hay: 77
Hörverstehen: 13; 14; 16; 21; 26; 31(Var.); 38; 39; 44; 46; 47; 55; 74; 76; 84; 92; 93; 94; 110
Homonyme: 18
Imperativ: 48; 55; 56
Indirekte Rede: 59
Informationen austauschen: 88; 95; 96 (Erw.); 98
Internationalismen: 1
Interview: 87; 88; 89; 90
Intonation: 105; 106
Kennenlernen: 15(Var.3); 88; 95; 96; 97; 98
Konditional: 54; 57; 58; 59; 64
Kreatives Schreiben: siehe „Schreiben"
Meinung äußern: 93; 94; 107
Notizen machen: 26; 66(Var.)
Oberbegriffe finden: 16
Pantomime: 49

pretérito perfecto: 53; 103
Piktogramme: 69
Possessiva: 79
Präfixe/Suffixe: 8; 9(Var.3)
Präpositionen: 27; 65
Pronomen; direktes: 53; 54
    indirektes: 45
Rechtschreibung: 2; 3; 4; 5; 6; 21(Var.)
Redewendungen (siehe auch „Sprichwörter"): 52
Relativsätze: 23
Reihenfolgen ordnen: 30; 50; 97; 100
Rollenspiel: 90; 104(Var.); 105(Erw.)
Satzbau: 31; 32; 33; 34; 35; 36; 37; 41; 42
Satzketten: 45; 65(Var.4)
Sätze bilden: 30(Var.3); 31; 32; 33; 36; 38; 41; 50; 51; 54; 57; 58; 65; 69; 93; 96
Schreiben; kreatives: 38; 39; 40; 41; 71; 80(Var.)
Situationsbeschreibung: 73; 75; 103; 104
Situativ einordnen: 103; 104; 105; 106
Spiele: 53
Sprechen: 38; 39; 57; 58; 66; 67; 68; 70; 72; 73; 74(Var.3); 78; 79; 82; 87; 90; 92; 99; 100; 101; 102; 103; 104; 109; 110; 111
Sprichwörter: 107; 108
Substantive: 19
Superlative: 50
Synonyme: 21
Textproduktion: 35; 36; 39; 40; 71; 111
Übereinstimmung des Partizips: 53
Übungen mit Bewegung: 15; 33; 48; 49; 55; 56; 95; 97; 98
    mit Bildmaterial: 60; 61; 62; 64; 65; 66; 67; 68; 69; 70; 71; 72; 73; 77; 78; 110
Umschreiben: 22
Vergangenheitszeiten: 42; 53; 59; 71; 72; 103
Vergleichen: 29(Var.); 30; 50; 51; 52; 68; 96
Vermutungen äußern: 11; 60; 61; 62; 63; 64; 66; 67; 69; 70; 72; 73; 75; 78; 79; 80; 92; 93; 94; 103; 104
Vorlieben äußern: 45; 100; 101; 102
Widerspruch äußern: 105
Wörter bilden: 5; 8
Wörter kombinieren: 9; 19
Wörterbuchbenutzung: 111
Wortfelder: 9; 16; 28; 29; 30; 50; 51; 100; 102
    - Berufe: 11
    - Körperteile: 56
    - Möbel; Einrichtungsgegenstände: 27
    - Verwandtschaftsbezeichnungen: 26
Wortkette: 10(Var.)
Wortschatz: 1; 4; 5; 8; 11; 14; 16; 19; 20; 21; 22; 23; 24; 27; 28; 45; 56; 60; 62; 63; 64; 69; 79; 86
    - erweiterung: 8; 9; 10; 17; 18
    - wiederholung: 3; 6; 7; 9; 10; 12; 14; 15; 17; 21; 25; 29; 30; 61; 66; 80; 99; 102
Zahlen: 46; 47; 95
Zeichnen: 41(Var.); 74(Var.3); 76

... Appetit bekommen?
Es geht noch weiter...

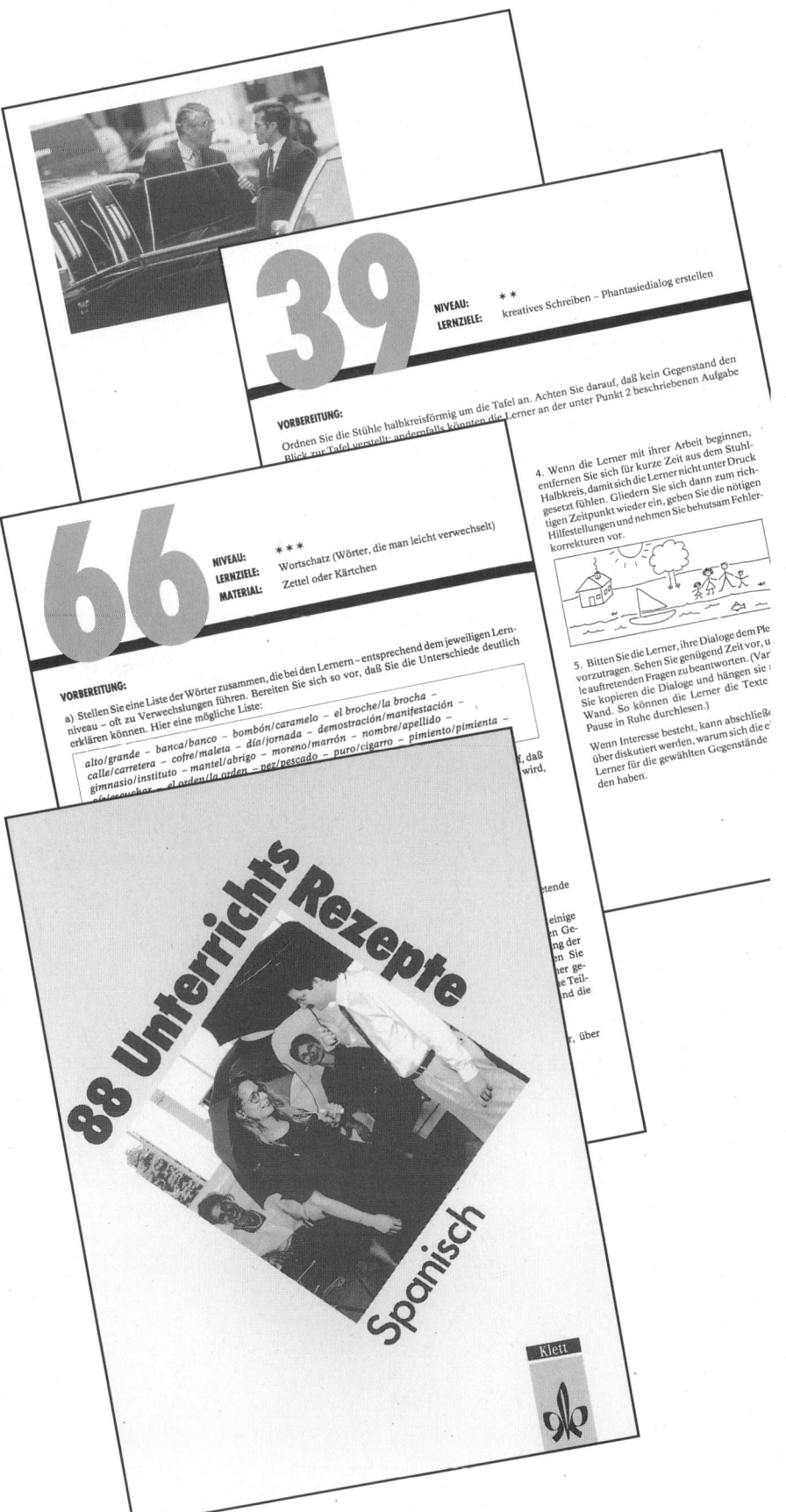

Die **88 Unterrichtsrezepte Spanisch** liefern Ihnen ebenfalls Anregungen für einen abwechslungsreichen und schmackhaften Unterricht.

Die Menüauswahl reicht von **kleinen, leichten Häppchen** bis zu **üppigen Hauptgerichten**, die eine ganze Unterrichtseinheit füllen.

Bei der Zusammenstellung dieses „Kochbuchs" wurde darauf geachtet, daß **alle Fertigkeiten** in dem ihnen gebührenden Maß berücksichtigt werden, um so den Umgang mit der Fremdsprache mehrgleisig einzuüben.

Die Unterrichtsrezepte erstrecken sich über **vier Schwierigkeitsstufen**. Weit über die Hälfte der „Gerichte" sind leicht verdaulich, d.h. für die ersten beiden Lernjahre geeignet.

Auch in diesem Buch ermöglichen Ihnen präzise Hinweise und gebrauchsfertige Kopiervorlagen, die Aktivitäten fast ohne Vorbereitung **fix und fertig** zu servieren. Es steht Ihnen aber auch frei, Ihr eigenes Süppchen zu kochen und die Vorschläge nach Belieben zu variieren, um sie auf das Niveau und den Geschmack Ihrer Gäste abzustimmen.

**Die Menüauswahl ist groß.
Greifen Sie zu!**

88 Unterrichtsrezepte Spanisch
Klett-Nummer 52678